Comment j'ai surmonté ma dépression

« Comment j'ai surmonté… »
Collection dirigée par Patricia Delahaie

Cet ouvrage a été réalisé par les Éditions Milan
avec la collaboration de Juliette Antoine et de Karine Forest.
Création de la couverture : Marie Fabre
Maquette intérieure : Pascale Darrigrand

ISBN : 978-2-7459-3776-6

Fabienne Chevalier

Comment j'ai surmonté ma dépression

MILAN

SOMMAIRE

Introduction

« La dépression est un dérangement de l'esprit si mystérieusement cruel et insaisissable de par la manière dont il se manifeste au moi, à l'intelligence qui lui sert de médium – qu'il échapperait pour un peu à toute description. » C'est ainsi que l'écrivain William Styron évoque son mal dans un ouvrage autobiographique, *Face aux ténèbres*. Inexplicable, sa dépression dépasse la tristesse, mais sans qu'il puisse jamais réellement la dépeindre. Mystère impénétrable qui depuis longtemps « grattait à sa porte », l'auteur raconte avec une émotion contenue comment elle se manifeste à lui par des états de prostration et d'angoisse effrayants, empirant d'année en année, sans que médicaments ni thérapie puissent inverser le cours de sa souffrance. Styron triomphera finalement de la dépression, mais gardera toujours de cette épreuve un sentiment d'incompréhension. « Pourquoi moi ? Pourquoi ce mal m'a-t-il ainsi frappé ? »

De tout temps, la dépression est apparue comme un mal obscur et indicible. Décrite dès l'Antiquité comme une terrible mélancolie (*melancholia*), objet d'un des textes majeurs de Freud (*Deuil et mélancolie*), elle traverse les siècles sans qu'on parvienne à percer son secret. Pensées lourdes et obsédantes, poison noir, « horreur de la vie » selon Baudelaire, cette « maladie morale abominable » est longtemps restée invaincue.

Aujourd'hui encore, les recherches dont elle fait l'objet posent plus de questions qu'elles n'apportent de réponses. On ignore toujours ses causes exactes, la nature des processus neurobiologiques à l'origine des états dépressifs, et aucune procédure ne permet encore d'établir son diagnostic avec une certitude absolue.

Pour tenter de la cerner, la psychiatrie a multiplié les outils. Elle a défini des listes de symptômes, des séries de facteurs, mais sans la maîtriser vraiment. Définie comme un trouble de l'humeur résultant de l'interaction d'un ensemble de facteurs biologiques, psychologiques et sociaux, la dépression se caractériserait par deux grands signes : les troubles graves de l'humeur (tristesse, irritabilité…) et le ralentissement psychomoteur (perte de vitalité, d'énergie, de motricité, d'activité intellectuelle, de projets...).

Les troubles du sommeil, le sentiment de solitude, l'épuisement sans effort, les idées noires, les sentiments de culpabilité excessifs et le mal de vivre figurent également au rang des symptômes qui, s'ils persistent plus de quinze jours, peuvent conduire à un diagnostic de dépression et à une prescription médicamenteuse. Mais là encore, aucune certitude n'existe. Ainsi, aux dires mêmes des psychiatres, si la médecine dispose de multiples critères pour repérer la dépression, ils ne sont guère infaillibles. Chacun vit des fluctuations d'humeur, tantôt optimiste et joyeuse, tantôt triste et angoissée, et de nombreux événements de tous ordres peuvent venir perturber notre équilibre intérieur sans que l'on puisse pour autant qualifier de dépression le malaise qu'ils engendrent.

L'évaluation chiffrée de la dépression fait également l'objet de débats contradictoires. Officiellement, elle est devenue en France « l'une des maladies psychiques les plus répandues ». Selon le ministère de la Santé, 8 % des Français de 15 à 75 ans (soit plus de trois millions de personnes) vivent chaque année une dépression et huit millions de Français en auront une au cours de leur vie. L'OMS (Organisation mondiale de la santé) prévoit que si elle suit son rythme actuel de développement, la dépression constituera le premier motif de mise en invalidité des pays développés en 2020. Mais, « sur le terrain », de nombreux psychiatres jugent ces chiffres exagérés et réduiraient de moitié le nombre de personnes atteintes, selon eux, de véritable dépression.

La même incertitude existe en matière de traitement. Si certains facteurs biologiques ont pu être établis (déséquilibre dans la chimie des neurotransmetteurs du cerveau), les recherches en neurobiologie n'en sont encore qu'à leurs balbutiements. Les premières découvertes se sont faites de façon empirique. Ainsi, c'est en cherchant à limiter le choc postopératoire chez ses patients que le Dr Henri Laborit, chirurgien, découvre par hasard, au début des années cinquante, « l'ancêtre » des antidépresseurs. Constatant les propriétés relaxantes d'une molécule, la chlorpromazine, sur ses opérés, il la propose en psychiatrie pour calmer les malades agités. Les tests se multiplient sur des patients dépressifs et, quelques années plus tard, la communauté scientifique reconnaît son efficacité pour soulager les psychoses. Les laboratoires pharmaceutiques se lancent alors à la découverte de nouvelles molécules et les traitements se multiplient. Devenue « soignable », la dépression accède peu à peu au statut de maladie. Mal de vivre, difficultés psychologiques, les symptômes retenus pour la diagnostiquer sont de plus en plus nombreux. La souffrance psychique se médicalise et le nombre de prescriptions d'antidépresseurs explose. Le Prozac est aujourd'hui le troisième médicament le plus consommé en France. En 2005, cent vingt-deux millions de boîtes de psychotropes ont été vendues et leur consommation est en constante augmentation.

La dépression n'est plus seulement une maladie, elle est devenue un marché. Et pour qu'il soit rentable, on y entasse, tel un vaste fourre-tout, les maux les plus divers. Les dépressions majeures y côtoient les états de tristesse liés à un deuil ou à une maladie, les difficultés psychologiques dues au stress de la vie quotidienne, aux enfances malheureuses ou aux désordres familiaux (divorces, déceptions sentimentales), à la peur provoquée par le chômage ou l'obligation d'être compétitif…

Entre 1980 et 1990, la crise économique et la précarité ont ainsi été pointées du doigt dans de nombreuses études pour expliquer la multiplication des cas de dépression, en particulier chez les femmes. Même si, dans la réalité, les chiffres de la dépression explosent dès les années soixante et soixante-dix, dans une période d'optimisme et de pleine croissance économique.

Face à ce flou généralisé, les médecins n'ont souvent que leur propre jugement pour évaluer la réalité d'une dépression. À eux de démêler la tristesse – émotion humaine qui n'a rien à voir avec la maladie – de la douleur morale, symptôme dépressif. À eux de faire la part entre la « dépressivité », cette capacité dépressive inhérente à la vie psychique que chacun porte en soi, et la dépression.

En France, c'est avant tout aux médecins généralistes qu'incombe cette lourde tâche car les personnes dépressives se tournent d'abord vers eux. Les médecins généralistes sont les professionnels les plus consultés par les personnes dépressives (54,7 %), suivis par les psychiatres (34,6 %) et les psychologues (18,6 %). Mais très peu y sont véritablement préparés. À peine un praticien sur cinq a effectué un stage de psychiatrie au cours de sa formation initiale et seulement 28 % des généralistes connaissent l'existence des guides de pratique clinique de la dépression. Aucun organisme public n'assure de formation médicale continue en la matière. Quant aux informations détenues par les médecins sur la dépression, elles émanent presque exclusivement des visiteurs médicaux, agents commerciaux des laboratoires pharmaceutiques.

Pour soigner leurs patients, 47 % des médecins déclarent dans une étude récente (enquête du département universitaire de médecine générale de la faculté de Rouen, septembre 2008) se heurter à « l'insuffisance et aux difficultés d'accès des services spécialisés ». Plus de la moitié d'entre eux peinent à obtenir l'avis d'un psychiatre.

Démunis face à la douleur de leurs patients, soumis à une logique professionnelle libérale (un quart d'heure en moyenne par consultation), 94,8 % des médecins interrogés déclarent avoir recours « souvent » ou « toujours » aux médicaments. Propulsant au passage la France championne d'Europe en matière de consommation de psychotropes, ils font de l'antidépresseur la réponse quasi unique aux souffrances exprimées par leurs patients et au risque éventuel de suicide (sur les onze mille morts par suicide en France chaque année, près de 70 % sont liés à une dépression). Mais, malgré leur diffusion toujours plus massive ces trente dernières années, les antidépresseurs restent impuissants à infléchir la courbe du taux de suicide. Celui-ci, passé en trente ans de 1,73 à 2,13 pour 10 000 habitants, pose la question du recours abusif aux médicaments. S'ajoute à cela le problème de l'absence de prise en charge de nombreux dépressifs non repérés.

Outre leur pertinence, ces prescriptions considérables posent le problème du traitement en lui-même. Quels critères ont entraîné le choix de tel ou tel antidépresseur, son dosage, sa durée d'administration, les conditions de son sevrage ? Les effets secondaires ont-ils été suffisamment évalués ? Car en éliminant la tristesse ou la souffrance psychique, les antidépresseurs abrasent également toutes les autres émotions. Ils peuvent rendre le patient étranger à lui-même, incapable de se confronter aux difficultés qui l'ont justement entraîné dans la dépression. Une mauvaise prise en charge est d'autant plus pénalisante pour le dépressif qu'il apparaît aux yeux de son entourage comme « soigné » et donc « guéri ». Sa détresse devient alors incompréhensible et la lassitude, le doute, l'hostilité même, peuvent succéder aux bonnes volontés de départ, chez des proches impuissants à aider quelqu'un « qui va toujours mal ».

Un nombre croissant de voix s'élève aujourd'hui dans le monde de la psychiatrie pour freiner la surmédicalisation de la souffrance psychique et promouvoir d'autres types de traitements. Ainsi, par exemple, pour les auteurs du nouveau *Manuel de psychiatrie*, la question n'est plus de savoir s'il faut préférer l'approche scientifique du cerveau à la compréhension des sentiments et des émotions, ou s'il faut privilégier la connaissance neurologique des mécanismes de la mémoire et rejeter la psychanalyse. Le psychisme humain n'est pas uniquement le fruit du génome et des neurones. Il se constitue essentiellement par l'échange de paroles et l'imaginaire. « Il importe moins de connaître la réalité de la maladie que la réalité du dépressif, souligne ainsi le psychanalyste et psychosociologue Guy Corneau. Et ce qui est réel pour notre cerveau, ce n'est pas la réalité, mais notre état intérieur. Notre cerveau ne distingue pas le réel de l'imaginaire. Pour lui, seul existe l'état dans lequel il se trouve. Il appartient à l'ordre du ressenti, du sentiment. Mais si notre réalité est imaginaire, cela veut dire que l'on peut la compléter, qu'on peut se construire une autre réalité imaginaire, que l'on peut s'aider à transformer nos états intérieurs. » Dans de très nombreux cas, c'est la parole, le fait de mettre des mots sur la souffrance, qui peut permettre ce changement. Car réussir à dire sa souffrance, c'est pouvoir la projeter en dehors de soi pour ne plus la subir, et sortir enfin de l'impuissance.

Les témoignages recueillis ici, commentés par nos spécialistes, se font l'écho de cette démarche et de la réalité de la dépression. Leur souffrance psychique et leur désarroi s'expriment face à un mal qui touche au plus profond de l'âme, ainsi que les aléas des traitements et la difficulté de se soigner : Laetitia, hospitalisée en psychiatrie des années durant sans succès ; Fanny, aux prises avec un thérapeute rigide et sans bienveillance ; Dominique, abonnée aux antidépresseurs ; François, qui s'enfonce dans un épuisement professionnel et psychique que personne ne décèle ; et Sophie, enfermée dans une construction psychique personnelle illusoire. Et puis un jour l'espoir, par la découverte d'un cadre thérapeutique qui permet de se reconstruire, de surmonter ses traumatismes, de renouer avec ses émotions. La possibilité d'enfin pouvoir agir sur sa propre existence et de surmonter ce mal étrange qu'est la dépression.

SOPHIE

À 43 ans, mariée et mère de deux grands enfants, Sophie avoue en riant qu'elle pensait vraiment être « la dernière personne que la dépression pouvait toucher ». Elle-même est psychologue et s'est toujours vécue comme une personne forte, armée pour les difficultés de la vie. Mais une crise conjugale a raison de cette solidité et déclenche un épisode dépressif. Après un traitement aux antidépresseurs qui lui « sort la tête de l'eau », Sophie poursuit avec un travail thérapeutique. C'est alors qu'elle prend peu à peu conscience de son « mode de fonctionnement », dans lequel elle vit totalement coupée d'elle-même et de ses émotions pour ne jamais souffrir.

« Accepter sa force et sa fragilité »

J'ai toujours été quelqu'un de très solide, avec beaucoup de caractère et d'énergie. Dans les moments difficiles de ma vie, j'ai toujours su faire face. J'ai divorcé très jeune, avec des enfants tout petits. J'ai mené de front leur éducation et une carrière dans un univers professionnel extrêmement rude (à l'époque, je travaillais dans un hôpital psychiatrique). J'ai été confrontée à des cas très lourds, les conditions de travail étaient épuisantes, mais je n'ai jamais flanché. D'ailleurs, quand je me suis remise en couple, j'ai toujours été celle qui « assure ». Je rassurais, je remontais le moral, je faisais tourner la maison… Mon compagnon était beaucoup plus introverti, plus fragile que moi.

Et puis, il y a trois ans, j'ai découvert son infidélité. Notre couple n'allait pas très bien depuis quelque temps, mais jamais je n'aurais imaginé qu'on puisse en arriver là. Le choc m'a complètement dévastée. En même temps, j'étais consciente d'avoir ma part de responsabilité. À tout mener de main de maître, j'empêchais mon compagnon d'avoir sa place ; je le traitais comme un enfant. Son infidélité est arrivée à point nommé pour me faire comprendre qu'il était aussi un homme. On a beaucoup parlé de mon comportement et du sien… Et on a surmonté la crise. Ensemble. Enfin, je le croyais, car dans les mois qui ont suivi, j'ai commencé à m'enfoncer dans quelque chose qui ne me ressemblait pas du tout. De plus en plus souvent, sans raison, j'étais triste. Il suffisait d'un rien pour que je pleure. Moi qui ne l'avais jamais été, je devenais susceptible, irritable. Je dormais mal. La fatigue se faisait permanente, je perdais du poids. Je ne parvenais plus à « récupérer », comme si toute mon énergie avait disparu. Et surtout, je n'avais plus goût à rien, j'avais perdu le plaisir d'être avec les autres, mes patients, mes amis, les gens que j'aime…

J'ai un souvenir atroce des vacances de cette année-là. Comme souvent l'été, nous sommes partis avec des copains. J'adore partager une maison, faire des balades, préparer des barbecues, dîner dehors tous ensemble et discuter toute la soirée… Mais cette fois, ces plaisirs m'étaient insupportables. Je broyais du noir. J'inventais mille prétextes pour rester dans ma chambre. Je n'avais qu'une envie : que tout le monde s'en aille et me laisse tranquille. Je me suis mise à compter les jours…

La rentrée est arrivée ; j'ai continué à sombrer, complètement impuissante. Entretemps, mon père avait fait un infarctus et j'étais très inquiète pour lui. J'ai pensé que toutes ces « tuiles » me minaient le moral, qu'il fallait tenir bon. Mais mon état a empiré, commençant à poser un problème au travail. Il me devenait de plus en plus difficile d'assurer correctement mes consultations, de m'investir auprès de mes patients. J'ai fini par admettre que je ne pourrais pas m'en sortir seule. Je suis allée voir une amie thérapeute et médecin et son diagnostic a été sans appel : « épisode dépressif sévère ». Elle m'a prescrit aussitôt des antidépresseurs.

Grâce aux médicaments, j'ai pu, au bout de quelques semaines, sortir la tête de l'eau. L'énergie pour le travail et le plaisir d'être en famille revenaient doucement. Ce n'était pas la grande forme, mais j'allais infiniment mieux que les six mois précédents. Tellement mieux qu'au bout de trois mois, j'ai décidé d'arrêter les médicaments. En quelques jours, tout est réapparu : les crises de tristesse, les troubles de l'humeur, la fatigue… En tout, je suis restée un an sous antidépresseurs.

Parallèlement au traitement, j'ai entrepris un travail psychothérapeutique pour comprendre ce qui m'arrivait et sortir de ma dépression. Dès les premières séances, j'ai réalisé à quel point j'avais « tout faux », à quel point j'avais sous-estimé le choc de ma crise conjugale. Ou peut-être était-ce moi que j'avais surestimée. J'avais cru « sauver mon couple », crever l'abcès, me réconcilier. Mais je n'avais rien réglé du tout. Pire encore, je n'avais absolument pas compris l'impact de l'infidélité de mon mari, ni pourquoi elle avait de tels effets sur moi.

Au fil des séances, des choses très enfouies me sont revenues. Non pas au sens où, tout à coup, des souvenirs précis ressurgissaient ; mais, sans savoir pourquoi, des émotions liées à mon passé revivaient en moi et me bouleversaient. C'était surtout en rapport avec mon enfance, mon éducation ; au fait, par exemple, que je n'avais pas été une enfant désirée. Je ne dis pas que mes parents ne m'ont pas aimée. Simplement, ma mère est tombée enceinte de moi très vite après son deuxième accouchement. Elle a eu trois enfants, trois filles, en trois ans et demi. Je suis la dernière et l'on peut dire que je suis le bébé « de trop ». C'est drôle, personne ne me l'a jamais dit, mais je l'ai toujours su. Il y avait toujours ces allusions, ces réflexions que mes parents ne pouvaient s'empêcher de faire. Ainsi, lorsqu'ils apprenaient la naissance d'un troisième enfant dans une famille, ma mère disait : « Ils ont encore un enfant ! Nous, à notre époque, si on avait eu le choix... » S'ils avaient eu le choix, il n'y aurait pas eu de troisième enfant. Ça n'a pas empêché ma mère de prendre soin de moi, d'être aimante, mais ça a marqué ma naissance et toute mon enfance. D'ailleurs, comme par hasard, j'ai toujours eu la réputation d'être un bébé qui ne pleurait pas, ne réclamait jamais rien. Un bébé « en or ». Ensuite, j'ai été une petite fille autonome s'occupant très bien toute seule, une adolescente indépendante qui n'avait pas besoin des autres. J'ai fondé mon propre foyer très tôt... J'étais le « brave petit soldat », la fille qui ne fait jamais d'histoires et n'a besoin de personne. Et pour cause : on n'avait pas voulu de moi ! Et voilà que mon compagnon ne me désire plus lui non plus, qu'il m'est infidèle, et tout explose. J'ai compris que la faille était là.

Beaucoup d'autres choses me sont revenues pendant ma thérapie. Des choses auxquelles je n'avais plus jamais repensé. Ma situation de jeune mère, par exemple. J'étais toute jeune encore quand j'ai divorcé. Mon fils avait 3 ans et ma fille à peine 1 an. J'avais une vie de mère célibataire qui travaille à plein temps, et toutes les angoisses qui vont avec. La crèche, l'école, les maladies des petits, les transports, le casse-tête des réunions de boulot qui finissent à pas d'heure... Je me suis souvenue des collègues à qui j'expliquais que je ne pouvais pas assurer certains services et qui me jetaient à la figure : « Quand on fait ce boulot, il faut savoir ce qu'on veut. » Je voulais travailler ? Je voulais y arriver ? Alors je devais serrer les dents et m'accrocher. Et c'est ce que j'ai fait.

À l'époque, j'étais psychologue dans un hôpital psychiatrique et c'était vraiment dur. Il y avait des patients violents, atteints de pathologies lourdes. Je me souviens d'avoir assisté à des scènes terribles : un malade qui, tout à coup, plante sa fourchette dans la main de son voisin au réfectoire, le sang qui gicle, la panique des autres patients, ce genre de chose. Et moi très « pro », réagissant au quart de seconde, appelant du renfort, réglant le problème. Ensuite, je faisais des cauchemars toutes les nuits. Mais je n'en parlais jamais à personne. Quand j'ai démissionné de l'hôpital, mes parents m'ont dit à quel point ils étaient soulagés « de me voir quitter un endroit pareil ». Jamais ils n'avaient fait part de leur inquiétude. J'étais tellement fière de travailler là ! J'avais l'air si sûre de moi. Ils n'avaient jamais osé m'en parler. Aujourd'hui, je me dis : « Mais comment ai-je pu tenir ? Comment ai-je pu faire face à cette dureté, à toute cette peur enfouie en moi ? » Souvent, je sentais la tension, la fébrilité m'envahir, mais je ne l'écoutais pas. Je ne « m'écoutais » pas. Ma solution consistait à me durcir, à me « blinder ». Il faut croire qu'à la longue, toute cette soi-disant solidité était devenue trop lourde à porter. Mais il m'a fallu une dépression pour faire tomber l'armure.

Aujourd'hui, je suis plus douce et plus fragile. Je ne serre plus les dents, je craque. L'année dernière, mes enfants ont quitté la maison pour aller faire leurs études à Paris et j'ai beaucoup pleuré. Avant, j'aurais dit : « C'est normal que les enfants partent. C'est leur vie. Alors, tiens bon, fais bonne figure. » Là, je me suis complètement laissée aller. J'ai pleuré et ne m'en suis pas cachée. Personne ne m'a trouvé ridicule ou faible. Mon compagnon et mes amis m'ont consolée. J'étais triste, mais il y avait beaucoup d'affection autour de moi. Après leur départ, j'ai eu plus de temps. Je n'en ai pas « profité » pour travailler plus comme je l'aurais fait il y a quelques années. Je me suis plutôt occupée de moi. Je me suis inscrite à des ateliers de couture et de broderie ! Des trucs de « bonne femme » gratuits, improductifs, qui me plaisent énormément. Bien sûr, j'adore quand les enfants reviennent et je prévois toujours de faire des balades ou des achats avec eux. Mais si, finalement, on ne fait rien du week-end, je ne trouve pas ça grave du tout. Avant, ce temps perdu m'aurait énervée, contrariée. Eux ont l'air ravis. D'ailleurs, ma fille se permet plus de choses depuis ma dépression. C'était une enfant brillante, dans la performance elle aussi. Maintenant, on peut discuter deux heures, de tout et de rien, sans évoquer ses notes, ses études, ses projets. On est juste ensemble.

En fait, je crois que j'accepte d'être imparfaite. L'autre jour, par exemple, on est allé boire un verre chez des amis; tout le monde a commencé à discuter, chacun parlait de sa semaine. Moi, j'étais un peu fatiguée, un peu chiffonnée. Eh bien, je l'ai dit, tout simplement. Jamais je ne l'aurais fait avant. Résultat, mon amie m'a mis un bras autour de l'épaule et m'a fait un bisou, et là, tout s'est détendu. Même chose dans mon couple : je dis quand je vais mal, je laisse l'autre me soutenir, être le plus fort. Ce n'est plus à sens unique. Depuis cette dépression, je me sens plus fragile, plus vulnérable, mais curieusement, la vie me fait moins peur.

LE POINT DE VUE de Valérie Colin-Simard, psychothérapeute et écrivain. Auteur de cinq essais dont *Quand les femmes s'éveilleront... oser le féminin* (Albin Michel, 2008).

« L'une des premières causes de la dépression est le surmenage. Être toujours dans l'action permet de ne pas s'appesantir sur ce que l'on ressent, de tenir à distance ses émotions douloureuses, sa tristesse, ses frustrations, ses peurs. C'est un moyen radical de se “blinder”, de se fabriquer une armure pour faire face aux difficultés de la vie. Cette maîtrise, ce contrôle incessant de soi-même et des autres est souvent chez les femmes une manière détournée d'exprimer leur colère. Cette colère, elles la retournent contre elles-mêmes, parfois sous forme de culpabilité. Elles s'interdisent alors tout plaisir, tout repos, toute détente.

Elles se voient fortes, puissantes, efficaces. Une image d'autant plus valorisante d'elles-mêmes que nous vivons dans une société où dominent les valeurs masculines de l'intellect, de la maîtrise et de la productivité. Les émotions (valeur féminine) y sont dévalorisées, dévalorisantes. Un seul mot d'ordre : "pas d'états d'âme". Être vulnérable, c'est être faible. Résultat : pour prouver qu'elles sont aussi fortes que les hommes, les femmes retiennent trop souvent leurs émotions jusqu'au jour où... elles éclatent en sanglots. Elles se transforment alors en victimes. La dépression est souvent une façon pervertie d'exprimer son féminin.

De plus, fermer le canal des émotions dites négatives, c'est aussi supprimer ses émotions positives. Ne pas prendre le temps de ressentir ce qui se passe en soi, c'est aussi négliger de goûter, de savourer, d'aimer. Se couper de ses émotions, c'est se couper de son carburant, de son essence. Quand les réserves sont épuisées, c'est la dépression.

Les femmes ont oublié la puissance qui se cache derrière leur vulnérabilité. Mépriser ce que nous ressentons, c'est ne pas se respecter. Ce mot vient du latin "respectare" qui veut dire "regarder". Ne pas accorder de regard à ses émotions, c'est se donner à soi-même bien peu de valeur. Ce manque d'estime de soi est un des principaux ingrédients de la dépression. En réalité, nous sommes tous à la fois forts et vulnérables. Nier sa vulnérabilité donne une illusion provisoire de toute-puissance qui ne tarde pas à se fissurer : de la toute-puissance à l'impuissance, il n'y a qu'un pas.

À l'inverse, croire que nous sommes constamment vulnérables nous place dans un statut de victime, tout aussi illusoire et dangereux. Seule la conscience d'être à la fois forts et faibles nous rend véritablement solides. L'émotion signifie que nous sommes ébranlés par un mot, un événement, une rencontre… Elle est aussi un langage qui a besoin de s'exprimer. Mais auprès de qui ? Que cherche-t-elle à dire et à qui ? Renouer avec ses émotions exige dans un premier temps un cadre de confiance et de sécurité, un lieu où toutes les émotions exprimées, quelles qu'elles soient, pourront être accueillies. C'est ce que permet la psychothérapie. »

DOMINIQUE

Enfant fragile et solitaire, Dominique rêve de devenir institutrice pour « protéger » les enfants. À 20 ans, elle se marie avec un ami d'enfance. Suite à une mutation professionnelle, le jeune couple doit quitter sa région natale et vit très mal ce déracinement.

Dominique devient enseignante et exerce pendant dix ans ce métier qu'elle adore. Mais son conjoint ne veut pas d'enfants, il se montre peu affectueux, souvent absent… Sa solitude grandit.

Après dix années d'une vie conjugale difficile, Dominique se sépare, retourne dans sa ville natale, mais son mal-être s'accroît. Au fil des années, elle développe une dépression chronique, multiplie les visites chez les médecins et les prises d'antidépresseurs. En vain. Elle a maintenant 39 ans.

Un jour, sa sœur lui parle de l'EMDR (Eye-Movement Desensitization and Reprocessing, ou Désensibilisation et retraitement par les mouvements oculaires). Une psychothérapie qui utilise la stimulation sensorielle du corps pour résoudre des traumatismes du passé. Peu convaincue, Dominique tente l'aventure… Et c'est le choc. Venu du fond de son enfance, un événement ressurgit à sa conscience.

« Après un traumatisme, identifier ses peurs »

D'après les médecins que j'avais vus jusque-là, j'étais sujette à des dépressions réactionnelles. Au quotidien, je me vivais plutôt comme celle « qui ne va jamais bien », celle « qui a des problèmes ». C'est aussi ce que l'on disait autour de moi : « Dominique a raté sa vie de couple et n'a pas eu d'enfants. Dominique est d'une susceptibilité maladive, Dominique fait des histoires pour rien. Avec elle, tout est compliqué… » Mais c'est terrible de passer sa vie à se sentir mal et à se demander : « Mais, enfin, qu'est-ce que j'ai ? Qu'est-ce qui ne va pas chez moi ? Pourquoi je me mets dans des états pareils ? » Quand je regarde ma vie, je ne vois que des soirées entières à pleurer, des week-ends à déprimer ou à faire de l'introspection toute seule, assise dans mon canapé, sans jamais trouver de réponses.

Ma famille supportait mal mon état. Tout le monde me disait : « Tu ne peux pas rester comme ça. À ne rien faire de tes week-ends, de ta vie, à rester prostrée chez toi et à pleurer tout le temps… » Ils étaient soulagés quand je prenais des médicaments, surtout mon père. Pour lui, j'ai toujours été « à part » ; trop sensible, trop fragile. Je l'adore mais son attitude m'a beaucoup pesé. Il était protecteur et, en même temps, exigeant avec moi, beaucoup plus qu'avec mes sœurs. Je savais que ma naissance lui avait rendu la vie difficile. Il était devenu père très jeune, à 20 ans à peine. J'étais un bébé prématuré, sans ongles ni cheveux, et comme à l'époque, il n'y avait pas de couveuses à la maternité, je suis rentrée à la maison « pas finie ». Mon père l'avait mal vécu. Je n'étais pas un bébé comme les autres donc, pour lui, je ne serais pas une enfant comme les autres, j'avais quelque chose en moins, une sorte de handicap de départ. D'ailleurs, je suis devenue une petite fille triste et solitaire. Je ne jouais pas. Je ne m'amusais pas ; dès que j'étais dehors, tout me faisait peur. Sur les photos, passé 4 ou 5 ans, je ne souris jamais. À l'école, ma maîtresse m'avait surnommée « les grandes eaux de Versailles » parce que je pleurais beaucoup. D'où ma vocation d'institutrice : je voulais protéger les enfants et qu'ils ne soient pas tristes.

À l'adolescence, ça ne s'est pas arrangé mais je me disais qu'à cette période de la vie, on est souvent mal dans sa peau. Puis je me suis mariée et ma vie de couple a été un échec. Mon mari et moi étions fonctionnaires. Mutés en région parisienne, nous avons dû quitter le Midi. Il a très mal supporté ce changement, il est devenu dur avec moi. J'ai tout fait pour que notre couple tienne. J'ai accepté de ne pas avoir d'enfants parce qu'il n'en voulait pas, j'ai renoncé à enseigner pour retourner dans le Sud comme il le souhaitait ; j'ai bien voulu partir en vacances sans lui pour qu'il puisse passer ses congés chez sa mère… Au bout de dix ans, je n'en pouvais plus. Nous nous sommes séparés et j'ai dû tout recommencer à zéro : déménager à nouveau, trouver un autre travail. Je consultais régulièrement des médecins, mais ils me disaient toujours la même chose : « Vous vivez des choses difficiles en ce moment », « C'est votre mariage », « C'est votre divorce », « Ça va s'arranger »… Je ressortais avec mon ordonnance d'antidépresseurs, mais je n'allais jamais mieux.

Je suis revenue dans ma région, j'ai réussi à m'en sortir professionnellement, mais je suis restée « celle qui ne va pas bien ». Je ne parvenais pas à comprendre d'où me venaient ces angoisses, cette émotivité incroyable, cette sensation d'oppression à la moindre occasion. J'avais l'impression d'être une enfant. D'ailleurs, je me comportais comme telle. Si j'étais heureuse, je sautais à pieds joints comme une petite fille, j'embrassais tout le monde à tour de bras. Mais si, pendant le repas, je demandais qu'on me passe le pain et que personne ne me le donnait, cela suffisait pour que je pleure toute la soirée. Je voyais bien que j'avais des réactions excessives, inadaptées. Je n'avais aucune raison d'être triste à ce point, mais je n'arrivais pas à changer.

Et puis, il y a un an, ma sœur m'a parlé de l'EMDR en m'expliquant que cette thérapie soignait les traumatismes psychologiques et pouvait peut-être guérir ma dépression. Comme je ne souffrais d'aucun traumatisme particulier (du moins c'est ce que je pensais), je ne voyais pas en quoi cela pouvait m'être utile. En même temps, j'en avais tellement assez de voir des médecins en vain, de prendre des médicaments sans résultat, que j'ai fini par fixer un rendez-vous, pour une séance.

Le principe de cette thérapie étant de travailler sur des traumatismes anciens, j'ai essayé de me souvenir d'événements marquants de mon passé. En réfléchissant, je me suis rendu compte à quel point, depuis des années, la tombée du jour m'angoissait : le crépuscule me mettait dans un état de malaise, comme si je courais alors un danger. C'était une angoisse qui remontait à l'époque de mon mariage. J'ai ensuite fait le lien avec un événement précis. Cela se passait à la veille des vacances de Noël. Mon mari devait venir me chercher au travail, à l'heure du déjeuner, pour que nous partions directement en voiture passer les fêtes en famille. Quand je suis sortie du travail, à midi, il n'était pas là. Je me suis assise sur un banc et je l'ai attendu. Au bout de deux heures, j'ai vraiment commencé à m'inquiéter. Peut-être avait-il eu un accident? À cinq heures du soir, il n'était toujours pas arrivé. J'étais de plus en plus angoissée. Lorsque la nuit est tombée, la panique m'a gagnée et j'ai dû demander de l'aide à des collègues pour rentrer à la maison. Je n'ai eu des nouvelles que le lendemain, en appelant chez ses parents. Il a été d'une désinvolture totale. Non, il n'avait pas eu d'accident, il était juste pressé de rentrer. Selon lui, il n'avait pas vraiment promis d'être là, je faisais des histoires pour rien… J'ai dû prendre le train pour le rejoindre et il ne s'est même pas excusé.

Depuis ce jour-là, je faisais des crises d'angoisse tous les soirs à la tombée de la nuit.

C'est donc ce souvenir-là que j'ai décidé de raconter, mais la première séance s'est plutôt mal passée. Avec l'EMDR, il faut respecter un certain protocole, suivre attentivement des yeux un pendule ou un crayon tout en se concentrant sur un souvenir précis. Cela demande un petit entraînement et, au début, je n'y arrivais pas. Je cherchais le regard du thérapeute. Je racontais la scène sans réussir à la revivre. La deuxième séance s'est mieux déroulée. En m'appliquant à bien exécuter les mouvements des yeux, j'ai réussi à me concentrer et à me replonger dans l'émotion du moment. La panique, l'abandon, le fait que je me sente fautive... Tout ressortait. Le thérapeute me guidait pour que je reste au plus près de mes émotions, pour que je puisse les « évacuer ». En parlant avec lui, en lui racontant mon mariage, je réalisais à quel point je n'avais pas été aimée, à quel point mon mari m'avait dévalorisée. J'étais peut-être dépressive, mais je n'étais pas la seule responsable de l'échec de notre couple. Je n'avais pas à « m'en vouloir » et à culpabiliser sans arrêt.

À la quatrième séance, cette angoisse quotidienne que je vivais depuis des années avait disparu ! C'était merveilleux. Selon le psy, j'avais encore d'autres choses à régler, mais c'était déjà un tel mieux-être pour moi que j'en suis restée là. Je n'ai pas continué. La spirale du quotidien a repris. Celle de la dépression aussi. J'avais abordé beaucoup de sujets lors de mes séances, en dehors de la scène effective « d'abandon » : ma famille, mon père, les relations avec les autres. Mais c'était à l'évidence insuffisant.

Puis, coup sur coup, deux événements sont survenus. À cette époque, j'entretenais une relation avec un homme dont, comme d'habitude, je n'étais pas amoureuse. Un soir, après une dispute au téléphone, il m'a raccroché au nez. Cela m'a mise dans une colère noire et, sans réfléchir, j'ai sauté dans ma voiture pour avoir une explication. Il était onze heures du soir, il habitait à plus de cinquante kilomètres, je ne le connaissais pas très bien, mais j'ai décidé de foncer vers son village. J'ai roulé presque une heure avant de réaliser la stupidité de mon geste, son caractère grotesque, voire dangereux. J'ai fait demi-tour et je suis rentrée en me disant que j'étais vraiment folle.

Peu de temps après, j'ai retrouvé une amie d'école très chère, perdue de vue depuis le baccalauréat. Elle connaissait mon enfance, ma famille, mon ex-mari qui était en classe avec nous. Nos retrouvailles ont été délicieuses. Nous ne nous étions pas vues depuis vingt ans, mais c'était comme si nous nous étions quittées la veille. Nous avons parlé des heures, de tout et de rien. À un moment, de façon assez anodine, j'ai évoqué mes séances d'EMDR. Et tout à coup, je me suis mise à lui raconter un souvenir d'enfance que je n'évoque jamais. Avec beaucoup de détachement, je lui ai expliqué qu'à l'âge de 5 ans, j'avais subi une opération. Cela ne s'était pas très bien passé parce qu'à l'époque, on m'avait caché que j'allais être opérée. J'avais été endormie à l'éther; j'en gardais donc un mauvais souvenir. Mon amie m'a regardée, les larmes aux yeux, en disant : « Tu te rends compte de ce que tu es en train de raconter! Ce qui t'est arrivé est terrible. Il faut en parler à ton thérapeute. »

Et je suis retournée le voir. Ce souvenir est devenu la « cible » de la séance, c'est sur lui que nous avons travaillé. Nous avons repris les exercices et la scène m'est revenue exactement comme quand je l'avais vécue enfant…

J'ai 5 ans. Comme j'ai des otites et des rhinopharyngites à répétition et qu'on me « bourre » d'antibiotiques tous les hivers, notre médecin de famille conseille à ma mère de me faire opérer des végétations. C'est une intervention classique et *a priori* sans risques, même si elle suppose une anesthésie générale. Mon père refuse l'opération qu'il juge trop effrayante pour moi. Devant l'insistance de ma mère, il se résigne à l'accepter à la condition expresse que je ne sois pas informée de ce qui m'attend. Ma mère sait que c'est une erreur mais il ne lui laisse pas le choix.

Un matin, ne sachant rien, je vois mon père charger des objets dans la voiture. Il range dans le coffre une couverture et un petit sac de voyage. Curieuse, je finis par le suivre en lui demandant ce qui se prépare. Il me répond que c'est pour ma mère qui doit voir son médecin, à la clinique. Mais, ajoute-t-il, je ne dois surtout pas m'inquiéter : elle n'a rien de grave. D'ailleurs, nous allons tous l'accompagner. Je me revois, sautillant et chantonnant, rejoindre ma sœur cadette pour lui annoncer le *scoop*.

Arrivés à la clinique, nous entrons tous dans un grand hall. Une dame en blouse blanche demande où est Dominique et me tend la main. Je cherche le regard de mon père qui, d'un signe de tête, me fait comprendre que je peux la suivre. Je donne donc la main à la dame en blanc et je la suis en toute confiance. Elle me fait entrer dans une pièce où il n'y a personne et m'installe dans un fauteuil, comme chez le dentiste. Je commence à me demander ce que je fais là, pourquoi ma sœur ne vient pas aussi, et pourquoi ils vont tous voir le docteur de maman sans moi. Bref, je ne comprends plus rien. Soudain, un homme arrive et se met à m'étouffer avec un masque. Plus je tente de respirer, plus j'étouffe et suffoque (c'était le masque à l'éther pour m'anesthésier). Je ne sais pas pourquoi il veut me tuer. J'essaye de le repousser, je résiste de toutes mes forces. Je me demande ce que j'ai bien pu faire pour qu'on me punisse ainsi. Je supplie le monsieur d'arrêter. Je lui promets d'être gentille. Je lui dis que je ferai tout ce qu'il voudra s'il ne me fait pas mal, mais il ne m'écoute pas et je crois vraiment que je pars « dans la mort ».

Revivre cette scène a été un choc incroyable. L'avoir oubliée pendant près de trente ans et y être plongée de nouveau, aussi précisément, aussi nettement ! Tout se bousculait et, en même temps, tout devenait clair. C'est comme si ça « flambait » dans ma tête. Les jours suivants, j'ai d'ailleurs fait une réaction cutanée très forte; des éruptions, des plaques rouges me dévoraient le visage, c'était hallucinant et très laid aussi. Le médecin que j'ai consulté m'a dit que c'était infectieux...

J'étais abasourdie, bouleversée, et en même temps très soulagée, comme au sortir d'un tunnel. Comme si j'avais enfin la clé pour comprendre mon existence, pour me comprendre moi-même. Oui, voilà. Tout à coup, ma vie prenait sens. Mes comportements, mes réactions et ma dépression trouvaient enfin une explication. Ce sentiment permanent de ne pas compter pour les autres, cette angoisse maladive qu'on veuille se débarrasser de moi... Tout s'éclairait. Je comprenais mon obstination à tout accepter de mon mari, la mutation, le déracinement, son refus d'avoir des enfants, sa méchanceté. N'importe quoi plutôt que d'être abandonnée. Cela m'a fait grandir. J'ai pris beaucoup de recul par rapport à ma famille, à mon père en particulier. Sans doute m'aimait-il au point de me mentir, de me cacher mon opération. Au fond, c'est lui que cette intervention effrayait. Mais en gardant secret ce qui allait m'arriver, il m'a fait vivre l'enfer. Depuis que j'ai découvert ce traumatisme, mon regard a changé sur lui, mais aussi sur moi-même. Je n'accepte plus qu'on me traite comme une enfant et je me comporte enfin comme une adulte. Bien sûr, je suis comme tout le monde, j'ai des soucis, des peines, mais je ne subis plus ma vie.

LE POINT DE VUE de Jacques Roques, psychanalyste, vice-président de l'EMDR-France. Il est notamment l'auteur de *L'EMDR* (InterÉditions, coll. « Découvrir », 2008), *Guérir avec l'EMDR. Traitements, théorie, témoignages* (Le Seuil, coll. « Couleur psy », 2007), *EMDR. Une révolution thérapeutique* (La Méridienne – Desclée De Brouwer, 2004). Il a été le thérapeute de Dominique.

« Quand une personne a subi un traumatisme grave (accident, opération, abus sexuels, viol, deuil…), son cerveau ne parvient pas toujours à traiter cette expérience comme il le fait pour d'autres événements. Les pensées et les sentiments négatifs de l'événement traumatique restent "emprisonnés" dans son système nerveux. Il y a en quelque sorte “arrêt sur image”, une partie du cerveau ne parvient pas à intégrer cette information, c'est-à-dire à lui donner un sens adapté et normalement acceptable.

L'information ne disparaît pas pour autant. La détresse ressentie lors du traumatisme continue, elle, de se manifester dans le système nerveux et peut causer de graves perturbations dans le fonctionnement émotionnel du sujet. Quand l'événement a été vécu pendant l'enfance, il se construit sans parvenir à digérer ce traumatisme et devient dépressif. En effet, la seule façon que trouve le cerveau pour intégrer un vécu qui le met en danger ou le dévalorise est de se dire par exemple “Je ne mérite pas mieux, je ne suis pas valable, pas à la hauteur. Personne ne pourra jamais m'aimer, etc.”. C'est ce qu'en EMDR on appelle une “cognition négative” ou, pour être plus précis, tant l'ancrage dans le cerveau est dynamiquement intense, une conviction négative.

Schématiquement, on peut dire que la technique de l'EMDR utilise une stimulation sensorielle des deux côtés du corps, par le mouvement des yeux ou par des *stimuli* auditifs ou cutanés, pour que le cerveau puisse traiter ces émotions. Ce type de sollicitation amène le corps et le cerveau dans un état propice au “déblocage” des mémoires, des émotions et des pensées négatives associées stockées dans le système nerveux, puis aide le cerveau à retraiter l'expérience traumatique pour qu'elle soit “digérée”.

Le cas de Dominique est exemplaire. Imaginez le choc, pour une enfant de 5 ans, prise dans ce mensonge organisé d'opération cachée, à qui l'on n'explique rien, et qui voit arriver tout à coup quelqu'un qu'elle ne connaît pas, qui, sans préparation d'aucune sorte, lui tombe dessus et lui plaque un masque sur la figure ! Elle étouffe, se débat, tombe dans l'inconscience... Elle a vraiment vécu un moment indicible de mort. Mais un enfant ne sait pas mettre de mots sur ce qu'est la mort. Il faut bien saisir que cette petite fille n'a reçu au préalable aucune information qui aurait aidé son cerveau cognitif à comprendre ce qui allait lui arriver.

Bien sûr, elle en réchappe. Mais, à partir de là, elle va se construire sur un paradoxe intenable : elle ne peut pas faire confiance à ses parents, puisqu'ils l'ont précipitée dans une situation qu'elle a vécue de façon atroce. Et pourtant, en même temps, elle doit leur faire confiance. Car si elle ne peut plus compter sur eux, elle se retrouve seule, en danger. Un enfant ne peut grandir seul, il a besoin de ses parents. Ce paradoxe est à la base de sa dépression. Soit elle est obligée d'en vouloir à ses parents, ce qui n'est pas tenable pour un enfant, soit elle grandit dans la conviction que, si elle ne va pas bien, c'est de sa faute, c'est parce qu'elle est "mauvaise". C'est bien la seule "solution" trouvée au paradoxe, et elle est infernale : il faut en même temps qu'elle fasse tout pour être gentille et acceptée, mais d'une manière telle qu'on ne peut que la juger mal et, peu ou prou, la rejeter.

Lors des entretiens préliminaires avec les patients, on retrouve très souvent les mêmes traits psychologiques. Autoaccusation, dépréciation, dévalorisation, absence totale de confiance en soi, tendance à l'échec, sentiment d'impuissance face à ses propres émotions et son existence. L'idée de ne jamais être "à la hauteur" est récurrente. C'est souvent dans cette direction qu'il faut aller chercher des pistes de travail : en prenant cette image au pied de la lettre, on tente de cerner pourquoi la personne se sent toujours "trop petite", démunie. Puis, au cours des séances d'EMDR proprement dites, on essaie de circonscrire des événements traumatiques précis en collaboration avec le patient, en le ramenant sans cesse sur la problématique visée, dès qu'il s'en écarte un peu trop.

Dans le cas de Dominique, le souvenir de l'hôpital a été évoqué de prime abord, mais, très vite, comme "ça" faisait mal, elle déviait sur d'autres sujets, par exemple sur le fait que ses parents la traitaient différemment de sa sœur. Si je l'avais laissé faire, elle se serait mise à raconter d'autres événements à ce sujet, puis des souvenirs de vacances… Et ça aurait pu durer des années. Quand l'émotion liée à un souvenir est trop forte, il n'est pas possible pour la personne d'aller d'elle-même plus loin dans son élaboration. Mais grâce à la mise en place du protocole de l'EMDR centré sur la cible traumatique retenue et à la stimulation bilatérale alternée (visuelle, tactile ou sonore), on parvient assez vite à faire baisser suffisamment le niveau de stress pour que la partie du cerveau où est emprisonné l'événement traumatique puisse à nouveau fonctionner normalement. L'effet est d'ailleurs extrêmement surprenant pour les patients : lorsqu'ils revivent l'événement en séance, ils le retrouvent exactement tel qu'il était à l'époque. Tout leur système corporel d'alors est réactivé. Les sons, les odeurs, les détails, tout est intact. Ce n'est pas une image retravaillée comme le sont habituellement les souvenirs quand on les évoque. À partir du moment où cette image, cette scène peut enfin exister dans le cerveau, celui-ci est capable de l'analyser et de lui donner un sens adapté. Il peut surmonter le traumatisme qui lui est lié.

Le patient est alors en mesure de saisir les répercussions psychologiques et les modes de pensée qu'il a entraînés. Et il découvre, souvent avec étonnement, qu'il en est désormais définitivement libéré. »

FANNY

Mariée et mère d'une petite fille de 5 ans, Fanny, 46 ans, est avocate. Marquée dès l'enfance par le manque d'amour, la violence familiale, la dépression de sa mère, elle grandit dans la souffrance et la révolte et sombre à son tour, une fois adulte, dans la dépression. Elle passera de nombreuses années à mener, en vain, un combat sans merci avec les fantômes de son passé et, après une première expérience malheureuse, elle entame avec un psychanalyste un long travail thérapeutique. En comprenant les mécanismes qui l'entraînent dans l'angoisse et le désespoir, Fanny parvient peu à peu à les maîtriser.

« Découvrir qu'on ne sera jamais comme ses parents »

J'ai toujours été dépressive, mais jusqu'à 30 ans, j'ai réussi à « faire avec ». Les crises d'angoisse étaient régulières. Je traversais de longues périodes de mal-être pendant lesquelles je restais littéralement prostrée. Mais j'arrivais toujours à en sortir. Je pouvais quand même travailler, aller dehors, partir en vacances, avoir ce qu'on appelle une vie « normale ». Puis, vers 28 ans, mes états dépressifs se sont allongés, rapprochés et, un jour, ils sont devenus permanents, me laissant comme une espèce de zombie. Plus de forces, plus d'énergie. Je ne parvenais plus à travailler ni à sortir de chez moi. Les crises d'angoisse me prenaient plusieurs fois par jour. Elles sont terribles, ces crises qui étreignent le thorax, étouffent le cœur et empêchent de respirer comme si on vous annonçait une catastrophe et que la détresse ressentie ne s'en allait jamais. J'ai fini par aller voir un psychiatre qui a tout de suite diagnostiqué une dépression sévère et m'a proposé des antidépresseurs.

Toute petite déjà, j'étais une enfant triste, déprimée. L'insouciance de l'enfance, je ne l'ai jamais connue. J'ai grandi dans une famille où tout le monde allait très mal, tout le temps. Ma mère, en particulier, était complètement dépressive. Mais personne n'en parlait jamais. Le médecin qui la suivait lui prescrivait régulièrement des antidépresseurs, sans aborder ouvertement le problème : il n'a jamais prononcé le mot « dépression ». À l'époque, on disait aux gens qu'ils étaient « fatigués », qu'ils n'avaient pas une « bonne constitution », qu'ils avaient trop de soucis... D'ailleurs, ma mère refusait l'idée d'être dépressive. Elle se vivait comme quelqu'un de « fragile » qui avait de l'asthme, des nausées... Si on allait se promener, elle nous faisait revenir au bout d'un kilomètre parce qu'elle avait mal à l'estomac. Si on partait en vacances, elle était prise de violents maux de tête. À peine partis, il fallait rentrer. Encore aujourd'hui, à 75 ans, elle va toutes les semaines à l'hôpital... pour rien. Nous avons toujours vécu au rythme de ses « maladies » plus ou moins imaginaires.

Elle avait beaucoup de mal à supporter ma présence et celle de ma sœur. Elle voulait qu'on se tienne tranquilles et qu'on... dorme. Si bien qu'elle a rapidement commencé à me donner des médicaments, elle qui en prenait tant ! Dès l'âge de 8 ans, j'ai été sous antidépresseurs. Jusqu'à l'âge de 15 ans, ma mère nous a enfermées dans notre chambre tous les jours, à sept heures du soir, avec interdiction de faire le moindre bruit et de sortir jusqu'au lendemain matin, même pour aller aux toilettes. On devait se cacher pour jouer et s'amuser. On le faisait, mais en ayant peur de se faire surprendre... ce qui arrivait souvent.

Mon père, lui, nous tabassait. Surtout moi, parce que j'étais l'aînée. Il disait tout le temps qu'on était des « moins que rien », que ma mère était dans cet état à cause de nous. Mais cela ne nous empêchait pas de jouer. Je me souviens très bien qu'à 5 ans, l'âge qu'a ma fille aujourd'hui, je me disais déjà : « Ne te laisse pas faire. C'est eux ou toi. » Je savais déjà que je devais résister, pour sauver ma peau. Plus tard, vers 11 ans, j'ai commencé à fuguer de la maison pour trouver des petits moments de liberté. Mais dehors, il n'y avait personne pour m'aider. Je me sentais fragile, j'avais peur, alors je revenais. C'est à cet âge que j'ai commencé à avoir des soucis de santé. Des maladies de peau surtout, jusqu'à devenir totalement intolérante au soleil. J'ai aussi développé un dysfonctionnement assez lourd de la thyroïde qui a nécessité une opération quand j'avais 17 ans.

Pour ne rien arranger, nous vivions une situation familiale complètement absurde. Mes parents étaient brouillés à mort avec mes grands-parents, mais nous vivions quand même tous ensemble. Je dînais avec eux, nous partagions le même jardin, mais j'avais interdiction absolue de leur adresser la parole jusqu'au jour où mon grand-père s'est pendu. J'avais 12 ans. Personne ne m'a vraiment dit ce qui s'était passé. Je l'ai appris bien plus tard. Par la suite, j'ai aussi découvert qu'après la guerre, il avait fait des séjours réguliers en hôpital psychiatrique. C'est vrai qu'il allait souvent à l'hôpital, mais ma mère me disait que c'était « pour soigner son estomac ».

C'est grâce à la pension que j'ai pu échapper à tout ça, mener enfin une existence qui ressemblait à celle de tout le monde, avec un rythme de vie normal, des gens qui savaient rire et parler ensemble. Dès que je rentrais à la maison, la peur de mon père et l'angoisse devant les cris de ma mère – qui gâchait toujours tout – me reprenaient...

J'ai fini par quitter définitivement ma famille à 18 ans. En prenant un crédit bancaire, j'ai réussi à faire des études de droit à Paris. Puis j'ai trouvé un travail d'avocate salariée dans un cabinet et là, ma vie a enfin pu commencer. J'avais plein de copains, je sortais beaucoup, je m'amusais bien. Mais régulièrement, je sombrais dans des états de tristesse et d'angoisse terribles. Je vivais toujours sur deux registres, comme lorsque j'étais enfant. J'étais tantôt joyeuse, combative, pleine d'allant, tantôt complètement abattue, « paumée », anéantie. Alors, à 25 ans, j'ai entamé une psychanalyse. Je voulais tellement aller bien, me sortir de toute cette histoire. Ce fut un fiasco complet. Il faut dire que j'avais choisi un lacanien qui appliquait à la lettre les rigoureuses consignes de son mouvement. En clair, il ne décrochait pas un mot de toute la séance. Même pas pour dire bonjour. J'arrivais, je me couchais sur le divan, je pleurais pendant une demi-heure, lui ne disant jamais rien, je payais et je repartais. Au bout de deux ans, j'allais toujours aussi mal. J'ai cessé de le voir, et j'ai sombré dans la dépression.

C'est alors que j'ai consulté le psychiatre qui m'a prescrit des antidépresseurs. J'en ai pris pendant deux ans à doses maximales, puis de moins en moins les années suivantes. Parallèlement, j'ai consulté un autre psychanalyste, dans un cadre très différent cette fois. Il me parlait, me donnait des pistes. J'avais de véritables échanges avec lui. J'y suis allée toutes les semaines pendant quatre ans et j'y retourne régulièrement quand j'en ressens le besoin.

C'est très difficile d'expliquer exactement ce qui se passe en analyse. Mais je crois qu'à force de décortiquer mon histoire, de parler de mon enfance, j'ai fini par comprendre ce qui se passait en moi, cet état permanent d'ambivalence depuis que j'étais toute petite. Un jour combative, pleine de vie, et le jour suivant complètement « vidée », comme morte. J'ai pris l'habitude de faire une pause à chaque fois qu'une situation provoque en moi un malaise. J'ai appris à ne pas minimiser, à éviter de penser : « Demain est un autre jour, avance, on verra bien… », mais à réfléchir, à prendre conscience de l'angoisse et de la violence qui montent à certains moments. Disons que j'ai « apprivoisé » ce sentiment de ne pas exister, de n'être personne ou telle que mes parents me considéraient enfant : la « moins que rien », la « folle perdue ». J'ai fini par accepter mon passé, je l'ai intégré. Je me dis : « C'est toi, tu es comme ça, toujours à vif au fond de toi-même, mais tu sais pourquoi. »

Grâce à l'analyse, on apprend aussi à se protéger. On décode plus vite ce qui ne va plus. Par exemple, une situation stressante de travail, les soucis de « boulot » qui vous minent et vous emmènent peu à peu dans des pensées négatives. Les raisonnements dévalorisants, les doutes qui replongent dans l'angoisse, maintenant, je les vois vite arriver. C'est d'ailleurs pour ça qu'il y a quelques années, j'ai démissionné d'un poste que tout le monde m'enviait. Je n'avais même pas 40 ans, j'étais associée dans un cabinet, je gagnais extrêmement bien ma vie, j'étais hypervalorisée socialement. Sauf que je n'en pouvais plus. Il y avait sans arrêt des situations de conflit sur certaines affaires, je passais mon temps à « gérer » des collaborateurs à l'*ego* surdimensionné. J'étais parfois dans des relations très tendues avec les gens, et souvent obligée de réagir rapidement. Je me sentais agressée et devenais agressive. Évidemment, quand j'en parlais avec mon analyste, je me rendais compte que cela me ramenait à des situations plus anciennes. Je sais maintenant que c'est inconscient et que je peux être dure, radicale, avoir des réactions très brutales. C'est aussi cela, l'intérêt de travailler sur soi : savoir ce qui nous fait du mal, prévoir ce qu'on ne va pas supporter. J'ai donc démissionné de ce « job » en or, et tout le monde m'a dit : « Mais t'es cinglée ! » Non, justement, je n'étais pas folle. Je ne supportais plus, donc je m'en allais. C'était tout. Évidemment, le problème a été que j'ai dû tout reprendre à zéro ou presque, et monter un petit cabinet comme une débutante. J'ai eu du mal à nouer des contacts avec les gens, alors qu'avant il suffisait que j'appelle pour les mettre au garde-à-vous. Professionnellement, je n'existais plus. Mais cela ne m'angoissait pas du tout. Je ne me sentais pas dévalorisée. Je n'y voyais rien de personnel. À présent, bien sûr, il y a encore des hauts et des bas, des moments où je continue à me dévaloriser, mais je sais que la crise va passer et surtout que je ne finirai pas comme ma mère. J'ai réussi également à réduire à presque rien la relation avec mes parents. J'ai installé entre eux et moi une sorte de « cordon sanitaire » qui me protège.

Ayant acquis la certitude que je n'étais pas comme eux, j'ai pu faire un enfant. Pourtant, là encore, il y a eu beaucoup d'angoisse. J'avais très peur de ne pas être capable d'aimer mon enfant, parce que je n'avais pas été aimée. À la maternité, j'avais des images terribles dans la tête. Je n'arrêtais pas de me voir en train de jeter ma fille par la fenêtre. En même temps, ce bébé était le plus précieux du monde. Comme j'avais peur de déraper, pour me rassurer, pour me protéger de cette angoisse-là, je me suis « écoutée ». Et je me suis beaucoup entourée. Jusqu'à ce que ma fille ait 3 ans, j'ai fonctionné « en doublon ». Je n'étais jamais seule avec elle. Il y avait une nounou pour la journée, une pour la soirée, une pour le week-end. Mon entourage le vivait comme un luxe, il me croyait peu investie. Pas du tout. C'était pour ne plus avoir peur de perdre la tête, de faire du mal à mon enfant. C'était mon garde-fou contre l'angoisse de « péter les plombs », de passer de l'autre côté, de plonger dans la folie. Et ça a marché ! J'ai réussi à créer une vraie relation avec ma fille. Je n'ai pas d'autorité sur elle, mais une relation de grande complicité. Je ne sais pas si, au final, ce sera beaucoup mieux que ce que j'ai vécu, mais au moins, ce sera différent.

LE POINT DE VUE de Bernard-Élie Torgemen, psychanalyste, psychologue clinicien et psychomotricien. Il a été enseignant avant de devenir directeur d'hôpitaux pour enfants. Il est l'auteur de *Vivre, c'est magique ! L'extra-ordinaire dans la cure psychanalytique* (Maren Sell éditeurs, coll. « Essais », 2007) et de *Histoires vraies et extra-ordinaires de l'inconscient* (Fayard, coll. « Documents », 2008).

« Même si elle hérite du mal-être de sa famille, de la pathologie de sa mère et de celle de son père, on ne peut pas, dans l'histoire de Fanny, parler d'héritage génétique, de "fond dépressif" biologiquement transmis par ses parents. Ici, il s'agit clairement d'une dépression qui s'est transmise "éducativement", par imprégnation du milieu familial. C'est une dépression transgénérationnelle. Elle est le fruit de la maltraitance affective, de l'abandon, du non-amour, de la violence. Elle ressurgit de génération en génération et peut prendre sa source dans un passé lointain et inconnu. Elle ne frappe pas au hasard et n'est pas de même intensité pour les différents membres d'une fratrie selon leur place, leur sexe et l'histoire de leur conception. Tous ces vécus d'enfance catastrophiques qu'on appelle en psychanalyse des "maltraitances psychiques" ont bien souvent des sources historiques inconscientes. Les enfants qui les subissent ne sont pas élevés et éduqués au sens classique du terme, mais simplement fabriqués et dressés. Ils n'ont pas le droit à une existence autonome, ils ne sont souvent que victimes de leur histoire. Il y a des risques qu'une telle éducation amène ces enfants à la psychose, en altérant leur sens de la réalité, mais parfois ils réussissent à développer un mode de survie suffisant pour se préserver de leur famille. C'est ce qu'on peut appeler la résilience. Mais certaines souffrances perdurent, quoi qu'on fasse. On le voit ici, lorsqu'on a manqué durant l'enfance d'un minimum de repères et d'ancrages affectifs, il est très difficile de se forger une identité propre et non souffrante hors de la maladie psychique héritable. Dans l'enfance et l'adolescence, Fanny parvient à se préserver de la folie familiale, elle "tient le coup" face à la difficulté. Mais dès qu'à l'âge adulte, elle sort du mode "survie" et pourrait se mettre, elle-même, un peu à l'abri, elle se "paie enfin le luxe" d'une dépression qui est sa manière d'évacuer son mal-être. La dépression devient sa façon d'exprimer les souffrances qu'elle a vécues antérieurement et de tenter de les expulser dans un conflit psychique entre son conscient et son inconscient. Il n'y a évidemment aucune complaisance dans cette attitude car se construire de façon souffrante n'est pas un choix, c'est la seule alternative à la folie ou à la reproduction des comportements hérités et connus. Et cela exige de mettre en place des soins pour s'en sortir.

Dans l'idéal, on parle de guérison en psychanalyse lorsque le patient peut enfin devenir sujet de son histoire. En évoquant ses douleurs, ses ressentis, en cheminant ainsi, il peut comprendre ce qu'il porte en lui, ce qui a été construit ou détruit psychiquement. En analyse, tous les petits rouages de la dépression qui tantôt disent “Je suis vivant, je vais m'en sortir”, et tantôt disent “Je ne peux pas y arriver, je vais mourir”, peuvent être dévoilés et démontés. L'essentiel du travail de l'analyste consiste alors à faire parler ces deux voix, consciente et inconsciente. Le psychanalyste est le médiateur, l'élément extérieur mais bienveillant qui les fait dialoguer entre elles. Il leur donne la parole, pour que le patient puisse enfin choisir entre l'élan de vie et la pulsion de mort. Après cette première phase, il peut se dégager de “son histoire” et tenter d'accéder à des strates de personnalité vivantes et non contaminées, inconnues de lui-même jusqu'alors. Cela libère nombre d'envies et de désirs insoupçonnés, et aide à éradiquer ses angoisses.

C'est ce qui se passe dans l'histoire de Fanny. Quand elle a un enfant, elle sent inconsciemment qu'elle replonge dans ce qui l'a persécutée petite. C'est l'écho de la maltraitance qu'elle a reçue et qu'elle a peur de reproduire. Elle sait que, gravée en elle, existe une propension aux cris, à la peur, à la violence, à l'absence d'amour. Elle a cette angoisse terrible de faire du mal à son enfant, de céder à cette voix qui dit “je vais la tuer”, car elle aussi, d'une certaine manière, on a voulu la tuer. Mais elle parvient à faire entendre à l'intérieur d'elle-même une autre voix qui la protège, qui aime la vie, aime son enfant, et triomphe de son angoisse morbide. »

LAETITIA

Laetitia a 21 ans. Lorsqu'elle est hospitalisée à 14 ans pour anorexie, les médecins diagnostiquent un trouble bipolaire (maniaco-dépression). Son cas étant jugé trop lourd pour continuer de vivre en famille, elle intègre un foyer médicalisé pour adolescents. Durant les cinq années suivantes, elle va partager sa vie entre ce foyer et l'hôpital. Aux moments de répit succèdent de nouveau les crises. Les symptômes (boulimie, troubles de la personnalité, tentatives de suicide) se multiplient. Après bien des errements et des espoirs déçus, Laetitia découvre un jour un livre qui parle de la thérapie de groupe...

« Trouver la bonne forme de psychothérapie »

Je ne sais pas du tout ce qui m'est arrivé. J'ai eu une enfance heureuse. Mes parents m'aiment. Pourtant, à 11 ans, tout s'est détraqué. J'ai commencé à avoir des TOC (troubles obsessionnels compulsifs), à me relever toutes les nuits pour faire les mêmes gestes (toucher trois fois mon armoire, quatre fois mon bureau, cinq fois ma bibliothèque…). Une fois dans mon lit, je ne m'endormais jamais sans avoir reposé les pieds par terre au moins deux fois de suite. Mon obsession s'est ensuite reportée sur la nourriture. J'étais une enfant assez boulotte et, au début de l'adolescence, j'ai commencé à avoir des remarques à ce sujet au collège et dans ma famille. Je me souviens qu'à chaque fois que je les voyais, mes grands-parents disaient : « Il faudrait tout de même que tu maigrisses un peu. » Mon frère, lui, s'en donnait à cœur joie; il ne cessait de se moquer de moi. Mon frère est très beau, c'est le *play-boy* de la famille. Ma mère l'adore. Il est nul en classe, mais il est magnifique. Mes parents l'ont toujours mis sur un piédestal. Moi, je travaillais très bien à l'école, j'étais brillante même. Mais je n'étais pas jolie, et j'ai commencé à être trop grosse. Donc, vers 14 ans, j'ai arrêté de manger. Au début, tout le monde était content. Je devenais enfin mince. Mais quand j'ai atteint 42 kilos, plus personne n'a trouvé ça bien. Mes parents ont commencé à vraiment s'inquiéter. Je me souviens de mon père qui essayait de me forcer à manger, me gavant littéralement en m'enfonçant de la purée dans la bouche, et moi, lui recrachant tout au visage. Mes rapports avec mes parents sont devenus violents. On se criait dessus toute la journée.

Jusqu'au jour où je suis tombée à 36 kilos et là, on m'a hospitalisée en urgence. Il y avait toute une équipe de psychiatres et d'assistants pour m'examiner et s'occuper de moi. Selon eux, mon anorexie était due à un trouble bipolaire constitué de phases dépressives lourdes suivies de phases maniaques légères (maniaque au sens psychiatrique, c'est-à-dire hystérique, un peu mégalomane). Je devais suivre un traitement d'antidépresseurs et de neuroleptiques et m'entretenir deux fois par semaine avec un psy. Mon hospitalisation a duré six mois, puis je suis rentrée à la maison et tout a recommencé. C'était l'enfer avec mes parents. Ma mère, dépressive, ne cessait de se plaindre. Je pleurais toute la journée, je n'arrivais plus à aller en cours. Puis mon anorexie a basculé dans la boulimie. J'ai fini par faire une tentative de suicide et l'on m'a de nouveau hospitalisée plusieurs mois. À la sortie, les médecins ont décidé de me mettre dans un foyer pour adolescents pour me couper de ma famille.

Je n'allais plus à l'école. Je passais mon temps à voir des psys, à parler de moi mais, concrètement, rien ne se passait. J'en voulais à la terre entière. À mes potes qui s'amusaient et faisaient la fête dehors, à mes parents qui n'avaient pas bien fait leur boulot et m'avaient mise dans cet état, à moi surtout d'être comme j'étais. Je me détestais de craquer, de partir en vrille, de ne pas réussir à me tenir à quoi que ce soit. Un emploi du temps, des cours ou des activités du foyer, des gens à voir… Tout cela m'était impossible. Me lever le matin était déjà insurmontable. À la seconde où je me réveillais, je me détestais. Je n'aimais pas mon corps. Je ne voulais pas être moi. J'étais contre moi. Le seul fait d'aller à la douche, de toucher mon corps, me donnait envie de pleurer.

Et puis, il y a deux ans, je suis tombée sur un livre traitant de la boulimie qui s'appelait *Les Toxicos de la bouffe*. J'aimais bien la façon dont l'auteur, une psychologue, parlait du sujet ; le fait que, pour elle, c'était vraiment lié à un problème personnel, un problème d'identité. Comme cette psychologue organisait des thérapies de groupe, j'ai eu envie d'essayer.

C'est assez spécial, la thérapie de groupe intensive. Ça se déroule sur tout un week-end, neuf heures par jour. Genre immersion complète. La première séance est assez impressionnante. On se retrouve enfermé dans un grand salon avec une quinzaine de nanas qui vont mal et on se demande comment ça va se passer.

Au début, on observe, on ne dit rien. Chacune se présente, mais ensuite, on raconte ce qu'on veut. On n'est pas obligé de parler. Ou alors, on peut simplement dire : « C'est mon premier groupe, je n'ai pas envie de parler… », ou donner juste son prénom, son âge. Mais on peut aussi prendre la parole pendant vingt minutes et déballer sa vie. La thérapeute lance quelques perches : « Est-ce que tu peux nous dire pourquoi tu es venue ? », ce genre de questions, mais rien d'insistant et sans réponses obligatoires. La seule chose dont on ne doit pas parler, c'est de « bouffe ». Combien de crises, quelles quantités… Ici, on parle de soi, pas de nourriture.

Les premiers week-ends, j'étais tellement bloquée que je ne regardais jamais les autres. Je parlais fort, je ne souriais jamais. C'était ma façon de me protéger. Un jour, la thérapeute m'a dit : « Tu as le regard hautain. » Évidemment, ça m'a vexée. Mais elle avait raison (j'ai compris par la suite que ses interventions n'étaient jamais destinées à nous blesser, mais à nous faire prendre conscience de notre comportement). Je me rendais bien compte que je ne regardais jamais vraiment les gens. Beaucoup de filles du groupe faisaient la même chose. D'ailleurs, d'une manière générale, on fait toutes les mêmes choses ! C'est fou comme on se retrouve dans toutes les filles qui sont présentes. Tous ces miroirs de soi auxquels on est confronté sont terribles. Mais c'est un des principes de cette thérapie : prendre conscience de ce qui existe en soi en le voyant chez les autres. Je me souviens, par exemple, d'une femme croisée ici durant un week-end et qui, malgré elle, m'a beaucoup appris. Elle s'appelait Élisabeth. Le groupe était composé ce jour-là de filles plus jeunes qu'elle (elle avait 45 ans) et, toute la matinée, elle s'est un peu posée en « aînée », en femme qui connaissait mieux la vie que nous, qui en avait plus bavé. Pendant la pause du déjeuner, elle a téléphoné sur son portable, sans s'isoler des autres et en parlant très fort. Quand la séance a repris, une des participantes a évoqué ce coup de fil, expliquant que cela l'avait gênée. Que c'était le genre de chose qui l'horripilait, qui l'agressait même quand elle était dans le bus ou le métro, et qu'elle n'avait pas envie de subir ce genre d'intrusion dans un lieu comme la thérapie de groupe. Élisabeth lui a vertement répliqué qu'elle n'avait pas à recevoir de leçons d'une gamine de 20 ans, qu'il était urgent pour elle d'appeler sa mère à ce moment-là... Bref, la discussion s'est engagée sur cet incident. La thérapeute guidait le débat, veillant à ne pas le transformer en procès. Qui avait ressenti la même gêne? Pourquoi la ressentait-on? Ne faisions-nous pas parfois la même chose? Ou d'autres choses gênantes pour l'entourage? Pourquoi Élisabeth avait-elle eu besoin de se justifier? Pourquoi ne prenait-elle pas cette remarque plus calmement et ne s'excusait-elle pas? Pour moi, la réaction de cette femme voulait dire : « Vos peines et vos douleurs ne valent rien. Moi, j'en ai vraiment bavé, moi, j'ai eu une enfance horrible. La vraie victime, c'est moi. Je ne suis coupable de rien ici. Jamais. »

C'est ce genre de situation qui se déroule pendant les séances. Et cela m'apprend beaucoup. Qu'il soit à l'opposé, ou au contraire très proche du mien, c'est comme si, tout à coup, mon propre comportement me sautait aux yeux! Parce qu'ici, les émotions sont traitées sur le vif, *in situ*. Il ne s'agit pas d'expliquer son histoire, son passé, pourquoi on est là. La thérapeute ne pose pas de diagnostic en public. Personne n'est étiqueté. Il n'y a pas « la dépressive », « la suicidaire »,

« l'obsessionnelle »... On travaille sur les émotions du moment, celles créées par la situation présente, les gens qui nous entourent à ce moment précis. Ce traitement thérapeutique fonctionne exactement à l'inverse de tous ceux que j'ai connus jusque-là. L'ambiance est vraiment particulière, parfois dramatique. Il y a des groupes où l'atmosphère est très lourde. Souvent, des participantes quittent la pièce pour « souffler », s'enferment dans la cuisine pour fumer une cigarette. Certaines se lèvent et ne reviennent pas. Moi, ça m'a tout de suite plu, même si les exercices sont parfois très difficiles, surtout ceux qui me mettent directement en situation. En effet, la thérapeute demande souvent à l'une d'entre nous de faire le tour du groupe et de s'arrêter devant chaque participante en répétant la même phrase : « Aujourd'hui, je me sens triste, ou en colère, ou fatiguée... », en fonction de ce qu'on a dit de soi précédemment et en la regardant bien dans les yeux, en lui parlant distinctement, en s'adressant vraiment à elle. Au début, il me semblait impossible de pouvoir faire ça. À l'idée de passer devant tous ces gens, j'étais paniquée, incapable de leur parler. La première fois que je me suis lancée, je me suis sentie toute nue, au bord de l'évanouissement. C'est de cette façon que j'ai compris à quel point j'avais peur d'être avec des gens, peur d'entrer dans un café, peur d'arriver en cours… Cette peur m'empêchait de connaître mes vrais sentiments.

En fait, cette thérapie consiste en une espèce d'entraînement permanent. Au début, on se force à être plus attentive. Et au fil des séances, on le devient. C'est un peu bizarre à dire, mais on devient ce que l'on est au fond de soi. Moi, je suis douce, mais j'ai toujours eu peur de la douceur. J'ai toujours joué à la « Miss Va-t-en-guerre », rude, « trash » même. Je me saoulais, je faisais des comas éthyliques, je me tailladais les veines. Avec les garçons, j'avais tout de suite des rapports passionnels. Au bout de deux jours, je voulais déjà savoir s'ils m'aimaient vraiment, ou bien je n'avais plus envie de les voir. Je ne savais absolument pas si je les aimais ou pas. C'était des prises de tête continuelles. Mais, au fond, j'avais envie d'être douce.

Souvent, passé les premiers temps, les filles commencent à se parler, à se préoccuper des autres, à dîner ensemble après les séances. Ça aide à ne pas fuir les gens, à échanger sur ce qu'on a partagé pendant la journée. C'est très effrayant au début, mais le groupe oblige à être « partie prenante » de la situation.

J'ai commencé à me sentir vraiment mieux au bout du neuvième week-end. Là, j'en suis au douzième et je commence à trouver ma place. Et si j'en suis là au douzième, je me réjouis de l'état dans lequel je vais être au vingtième ! Même si je sais que je devrai prendre des médicaments toute ma vie. Et qu'il y a encore beaucoup de choses à remettre en place. Des moments où je fais des crises, où je ne vais pas bien. Comme le mois dernier, par exemple. J'ai fait beaucoup de dessin et d'art plastique au foyer. Ça me plaît énormément. Je me suis donc inscrite pour une animation bénévole dans un atelier de loisirs créatifs pour enfants. Les deux jours précédant le stage ont été horribles ! J'avais l'impression que tous mes délires revenaient. « Ils ne vont pas m'aimer », « Je ne vais jamais y arriver », « De toute façon, ce stage est nul »… La veille, une crise d'angoisse m'a empêchée de dormir. Mais finalement, j'y suis allée. À reculons, mais j'y suis allée. Et le stage s'est très bien passé. Je vois que j'ai fait des progrès. Je ne me laisse plus gouverner par ces pensées incohérentes, ces idées complètement folles que j'ai eues pendant des années. L'idée que mon poids est un danger pour les autres par exemple ; que si je suis suffisamment maigre, je serai libérée de la peur d'être méchante. Et que si je ne maigris pas assez vite, il faut que j'annule tous mes rendez-vous ! Ce genre de délire, c'est terminé. Je peux faire un stage de quinze jours sans craquer. Je peux travailler comme serveuse dans un restaurant et arriver tous les jours à l'heure. Je l'ai fait l'année dernière. J'y ai même rencontré quelqu'un et ça fait dix mois qu'on est ensemble…

LE POINT DE VUE de Catherine Hervais, psychologue clinicienne, qui anime des thérapies de groupe intensives. Elle est l'auteur des *Toxicos de la bouffe. La boulimie vécue et vaincue* (Payot, coll. « Petite bibliothèque Payot », 2007) et de *Vivre et communiquer avec un proche boulimique-anorexique* (InterÉditions, 2007). Elle est la thérapeute de Laetitia.

« L'histoire de Laetitia illustre bien le parcours de nombreux patients dépressifs, et surtout, la complexité du traitement à leur apporter. Anorexique, boulimique, bipolaire, *border line* (personne perdant parfois la notion de la réalité), les diagnostics posés à son sujet sont multiples. Mais, comme souvent, il est très difficile de démêler précisément les origines des troubles, les causes des conséquences. Est-elle dépressive parce que boulimique, boulimique parce que *border line* ? Est-ce une dépression endogène (plutôt liée à l'état intérieur du patient qu'à son environnement) comme c'est souvent le cas chez les personnes souffrant de troubles bipolaires ? Ou bien est-ce une dépression réactionnelle, fréquente chez les boulimiques ? Y a-t-il un "terrain" génétique ? En effet, le déficit de sérotonine (molécule du cerveau servant à réguler les états émotionnels) semble jouer un rôle important dans les troubles alimentaires et les comportements *border line*. On le voit, en matière d'*addiction* et de dépression, la solution n'est jamais simple.

Dans le cas de Laetitia, sans doute devra-t-elle toute sa vie prendre une légère dose d'antidépresseurs, car il semble qu'elle ait cette fragilité génétique pouvant parfois favoriser des états dépressifs. Mais on ne peut pas s'arrêter aux seuls traitements médicamenteux. Il faut aussi une réponse psychothérapeutique appropriée. Celles apportées à Laetitia par l'hôpital n'ont pas suffi, mais elle ne s'est pas résignée. Par le biais de la boulimie, elle a découvert une thérapie de groupe intensive et elle est aujourd'hui sur la voie de la guérison.

Cette méthode de thérapie est relativement mal connue en France et son image est souvent associée à des pratiques un peu farfelues (psychodrame, jeux de rôle, improvisation...). Surtout la thérapie de groupe intensive, très différente des thérapies de groupe pratiquées à l'hôpital par exemple, dont les séances durent une heure et demie par semaine. En intensif, elles sont beaucoup plus longues et denses (tout un week-end), mais c'est une thérapie que l'on peut pratiquer "au long cours", étalée sur deux ou trois ans. Ce dispositif peut paraître étrange, voire violent de prime abord, car il est en prise directe avec l'intensité des émotions que vivent les participants. Les séances sont très vivantes, mouvementées parfois, mais c'est justement là que réside leur intérêt. On est dans l'authenticité et la franchise.

On n'y parle pas de ses symptômes, on ne parle pas "intellectuellement" de son passé (car la tentation est souvent trop forte de se raconter et de rester "bloquée" sur son histoire), on y parle de ses ressentis (la semaine qu'on vient de passer, les sentiments qu'on a à l'égard de telle ou telle participante…). C'est la personne telle qu'elle est aujourd'hui qui se remet en question sur ses manques et se "coltine" avec eux au présent pour trouver où sont ses vraies difficultés de vie. Son passé n'est pas occulté – il ressurgira de toute façon dans ses comportements –, mais on le traite à travers le prisme du présent, "à chaud".

La seule limite posée est donc d'être authentique, mais sans blesser l'autre ; il ne s'agit pas de faire mal parce qu'on souffre soi-même. C'est au thérapeute de faire respecter cette limite, mais son rôle va bien au-delà. Il n'est pas dans la traditionnelle neutralité médecin/malade, il intervient et fait part de ses ressentis personnels vis-à-vis de ce qui se passe. Il initie également les réactions, les participants étant souvent murés dans leurs peurs et leurs angoisses. Ils sont isolés, perdus dans leurs idées noires, leur passé, leurs ruminations mentales. Et cet enfermement les empêche de se connecter au présent et aux autres. Les discussions peuvent être très banales au départ : une série télévisée, les soucis de la vie quotidienne… mais elles permettent d'amorcer les échanges, de donner envie de parler. Et, au détour d'une phrase, d'une réflexion, des émotions surgissent. Laetitia raconte bien comment ce dispositif permet d'entrer en relation avec soi-même et de prendre conscience de ses comportements : en voyant comment les autres agissent, en constatant à quel point leur sentiment d'agression ou de solitude, leur attitude fusionnelle ou intrusive ne sont pas liés à la situation présente ou aux propos échangés mais à leur mal-être intérieur. Tout au long des séances, les mécanismes de comportement de chacun apparaissent dans toute leur spontanéité. Et le groupe est justement là pour les faire "dérailler" de ce circuit intérieur qui tourne à vide. C'est en cela qu'il est un lieu d'apprentissage formidable pour mieux comprendre ses émotions, surmonter ses peurs, apprendre à vivre la relation à l'autre. Et finalement, vaincre sa dépression. »

FRANÇOIS

Consultant indépendant en région parisienne, François, 50 ans, accepte, il y a cinq ans, d'être directeur des ressources humaines dans une grande entreprise. Le poste est important, le pari risqué. L'entreprise est implantée à l'étranger et François, qui a la garde de ses deux fils, doit déménager. Mais cette proposition est une belle avancée qui lui permettra de mettre en pratique sa vision humaniste de l'entreprise. Très vite cependant, François déchante. Charge de travail énorme, manque d'appui de sa hiérarchie, conflit ouvert avec un membre de la direction, il s'enfonce peu à peu dans l'épuisement professionnel. Pris dans la spirale destructrice du « burn out », stade ultime du stress au travail, il sombre sans que personne autour de lui ne comprenne réellement ce qui lui arrive. Pour s'en sortir, une seule solution : changer d'entreprise, changer de fonction ou même changer de vie.

« Contre le "burn out" : changer de vie! »

Pendant vingt ans, j'ai travaillé en tant que consultant indépendant dans le *management* et la gestion du personnel. J'ai beaucoup aimé faire ce travail, même si la précarité de mon statut m'a toujours un peu pesé. Surtout depuis mon divorce il y a cinq ans, car c'est moi qui ai la garde et la charge complètes de mes deux fils. Leur mère n'a pas souhaité s'en occuper. Mes missions me plaisaient, j'avais de bons clients, mais quand on est travailleur indépendant, on est beaucoup moins à l'abri qu'un salarié. On peut rester plusieurs semaines sans travailler et, en cas de maladie ou d'indisponibilité, les revenus chutent tout de suite. J'ai monté un temps un cabinet avec quelques associés pour avoir plus de sécurité et pour donner plus d'envergure à mon métier. J'avais l'ambition d'être sur de gros projets, de sortir du simple rôle de consultant. Mais ma carrière n'a pas décollé. Et puis, il y a trois ans, un poste de directeur des ressources humaines s'est libéré chez un de mes gros clients et… c'est à moi qu'on l'a proposé. Ils m'avaient vu à l'œuvre dans mes missions et me faisaient confiance. La charge était lourde, surtout pour moi qui n'avais jamais occupé ce genre de fonction. Mais, à mon âge, la quarantaine bien sonnée, c'était maintenant ou jamais. C'était l'occasion de faire évoluer ma carrière et mon salaire, mais aussi celle de mettre en pratique ma vision de l'entreprise. J'attache beaucoup d'importance au respect des hommes. C'est pour ça que je fais ce métier. Je suis convaincu qu'on obtient de meilleurs résultats en les écoutant et en les valorisant plutôt qu'en les pressant comme des citrons.

Bref, j'ai très vite accepté. Je devais prendre mes fonctions en Suisse. Cela voulait dire changer un peu de vie, ce qui m'a plu aussi.

Les débuts ont été rudes, mais cela ne m'a pas fait peur. Le poste était nouveau, la structure, la façon de travailler également. J'avais beaucoup à apprendre et il me semblait normal de devoir fournir de gros efforts. De plus, mon entreprise étant américaine, de nombreux postes étaient occupés par des anglophones, à commencer par le directeur du site lui-même. Beaucoup de réunions se faisaient en anglais, les rapports, les documents aussi. Même avec un bon niveau, c'est un exercice très lourd de travailler dans une autre langue que la sienne. On se sent moins sûr de soi…

Dès le premier jour, je me suis énormément investi. J'arrivais au bureau à huit heures et demie du matin, j'en repartais vers dix-neuf ou vingt heures. Je rentrais, je dînais avec mes fils, je les couchais et me remettais au travail pendant plusieurs heures. À ce rythme, les premiers mois ont passé très vite, mais avec des problèmes d'organisation (nounous, *baby-sitters...*) et d'intégration : un papa seul n'est pas toujours bien vu. Aujourd'hui, je me dis que j'avais un peu sous-estimé ce qui m'attendait.

Au bureau, mon principal interlocuteur, le directeur du site, s'est révélé assez vite une personnalité difficile. Officiellement, je ne dépendais pas de lui, il n'était pas mon supérieur hiérarchique. Mais, concrètement, c'est lui qui décidait de tout. C'était quelqu'un de brillant, rapide dans ses raisonnements, mais aussi très vindicatif. Il avait des idées arrêtées sur tout. Au début, je me disais : « Au moins, il a des idées et il les énonce clairement. J'ai moins de dextérité intellectuelle que lui, mais je suis plus analytique. On est complémentaires. » D'ailleurs, ainsi était défini mon poste. Je devais être une force de réflexion plutôt que d'action, évaluer l'impact des décisions prises sur le long terme, leurs incidences sur le personnel, etc.

Les ennuis ont commencé lorsqu'il a fallu travailler ensemble sur le terrain. Sur chaque projet, chaque décision, nos divergences de vue étaient totales ! Sa logique de fonctionnement, qu'on pourrait résumer en « faire un maximum de profits en un minimum de temps », était aux antipodes de la mienne. Pour plaire aux actionnaires, il fallait obtenir des résultats le plus rapidement possible. Au prix du licenciement, décidé en dix minutes, de tous les commerciaux de plus de 50 ans, pour faire des économies ! Voilà le genre de politique que menait l'entreprise. Priorité était donnée aussi au fonctionnement par projets. Des projets qui mobilisaient des douzaines de personnes sans hiérarchie ni mission clairement définies, mais qu'on abandonnait parfois six mois plus tard sans plus d'explications... L'énergie déployée en pure perte par les salariés était considérable. Sans compter que personne ne savait exactement qui faisait quoi, qui était décisionnaire, quelle tâche était prioritaire. Il régnait une espèce de flou, à tous les niveaux, qui était pour moi une source de stress permanent. En matière de ressources humaines, la seule politique de cette « boîte » était de rentabiliser le plus possible les effectifs. J'avais beau expliquer les dangers de cette démarche à long terme, rien n'y faisait. Malgré le temps consacré à « plancher » sur les dossiers, échanger avec le personnel, convaincre les dirigeants, je n'arrivais à rien. C'était très lourd à vivre. Je ne parvenais plus à dormir, je perdais du poids. Je me disais que c'était de ma faute, que je ne savais pas m'y prendre. Pour pallier ce sentiment d'échec, je travaillais toujours plus ; je passais ma vie au bureau. Je tenais à coups de somnifères, mais le stress et la fatigue ne me quittaient plus.

La première année s'achève et, comme je deviens de plus en plus alarmant sur l'état de l'entreprise, le directeur du site s'en prend à moi, me discrédite en comité de direction, laisse planer des doutes sur mes compétences. Il court-circuite mon travail et mes rapports. À cela, s'ajoute la pression des équipes. Beaucoup de cadres me font part de leurs difficultés. Les *managers* viennent se plaindre dans mon bureau en soulignant qu'ils « coulent la boîte » à travailler comme ça. J'avais un immense sentiment d'impuissance. Mais le plus terrible était de ne pouvoir partager mes problèmes avec personne, de n'avoir aucun appui. Chacun « ramait » dans son coin en essayant de tirer son épingle du jeu. Je me sentais tellement seul qu'un jour, je décide de prendre, à mes frais, un *coach* professionnel. Quelqu'un avec qui échanger, réfléchir, prendre de la distance. Quelqu'un qui pourrait m'aider. Mais le soutien escompté n'arrive pas. Les analyses du *coach* sont « bateau », ses conseils simplistes, sans intérêt. L'expérience tourne court.

En France, mes proches s'inquiètent. Mes visites sont rares et, à chaque retour, la dégradation de mon état physique les frappe un peu plus. Les amis consultants à qui je parle de mon travail m'alertent sur le fonctionnement malsain de mon entreprise. Ils me conseillent de moins m'investir, de « lever le pied », de ne pas continuer à me battre contre plus fort que moi. Mais je continue. Je commence à avoir des problèmes de tension, des tremblements, mais je garde le rythme.

Heureusement, l'année suivante commence bien. L'entreprise a organisé un sondage sur le climat qui règne au sein des équipes. Les résultats tombent et ceux de notre site sont excessivement mauvais. Le rapport dépeint le tableau que je dresse depuis des mois à la direction générale. Pour moi, c'est un grand réconfort. Mon travail n'est pas vain, ma vision correspond bien à la réalité. D'ailleurs, on me félicite, me promet des changements, on évoque même le départ du directeur du site. Mais, physiquement, je suis à bout. Des angoisses sans objet m'assaillent de plus en plus souvent, ma tension s'emballe, j'ai du mal à respirer. Et au travail… rien ne se passe.

Le groupe ne change rien à sa politique, le directeur reste. Tout le monde me dit de prendre un peu de vacances, d'aller voir un médecin… Je prends un second *coach*. Même au bureau, on commence à me dire : « Arrête. Ne reste pas aussi tard. » Mes crises de tremblements se multiplient. J'ai du mal à écrire. Je suis complètement épuisé.

Et puis, un jour, c'était un week-end, tout a basculé. Comme je me sentais vraiment chancelant, au bord de l'évanouissement, je suis allé à la fenêtre pour prendre l'air. J'ai regardé dehors et, à ce moment, je me suis dit : « Et si je tombe, là, maintenant, qu'est-ce qui arrive à mes enfants ? » Ça a été le déclic, j'ai pris conscience de mon état. Les symptômes physiques étaient tellement impressionnants ! Je ne pouvais plus les ignorer. Dès le lendemain, j'ai appelé le médecin du travail, parce que je ne voulais pas être soupçonné de tricher, de « tirer au flanc » grâce à un médecin de ville complaisant. C'est dire à quel point j'en étais! Il a tout de suite diagnostiqué un épuisement physique et psychique intense et m'a prescrit un arrêt maladie, plus des antidépresseurs et des tranquillisants à haute dose. Avec le recul, je réalise qu'il est presque miraculeux qu'il ne me soit rien arrivé, que je n'ai pas eu d'accident, que je ne sois pas passé sous une voiture…

C'est mon *coach* qui, le premier, m'a parlé de « burn out », le stade ultime du stress. Il en a lui-même été victime quelques années auparavant et connaît bien le problème. À l'époque, la gravité du phénomène m'échappe un peu. Je pense pouvoir me soigner, me rétablir rapidement et retourner travailler dans les mêmes conditions malgré tout ce que j'ai vécu.

Pourtant, les semaines passent et mon état reste très fragile. Je demande au médecin du travail de me trouver un bon psychiatre, quelqu'un qui saura me trouver le bon traitement, m'aider psychologiquement. Mais les résultats ne sont guère spectaculaires. Pour remédier à mes problèmes de sommeil, toujours aussi importants, et me remettre complètement d'aplomb, je décide de suivre une cure de repos dans une clinique spécialisée. Là encore, c'est insuffisant. Alors, petit à petit, au fil des semaines, la décision de ne pas reprendre mon poste s'installe. L'idée de « passer à autre chose » commence à faire son chemin. En attendant, je veux juste guérir et redevenir « comme avant ».

Finalement, c'est mon entreprise qui me licencie. En Suisse, on peut licencier les gens pour cause de maladie, et pour ma direction, mon congé n'a que trop duré. C'est évidemment un soulagement pour moi et la possibilité, grâce aux indemnités, d'envisager les mois qui viennent avec sérénité. Pourtant, les choses ne vont pas s'arranger. Le retour en France est terrible. J'ai beau avoir quitté ce travail destructeur, cessé de bosser comme un forcené toute la journée, mon état ne s'améliore pas du tout. Au « burn out » succède la dépression. Je suis au plus bas. Je passe l'année à voir des psychiatres et à avaler des médicaments. J'essaie même l'hypnose éricksonienne, mais rien ne marche.

Puis j'entends parler d'un thérapeute spécialisé dans le développement personnel et la fasciathérapie. C'est une technique de massage qui travaille sur les fascias (membranes qui enveloppent les muscles et les organes) pour soulager les blocages, dissiper la fatigue et le stress. J'ai séjourné dix jours dans son centre en Provence et cela m'a fait énormément de bien. En fait, je réalise que soigner mon corps m'est très bénéfique, y compris psychiquement. C'est un univers qui me plaît. C'est même une piste à laquelle je songe pour me reconvertir. Pour l'instant, bien sûr, mon corps est encore abîmé. Tension, insomnies, les séquelles sont là. Et intellectuellement, mes neurones fonctionnent au ralenti, même pour des choses simples. L'autre jour, j'ai voulu installer des tringles à rideaux dans mon salon ; il m'a bien fallu trois heures pour savoir où faire les trous et comment monter les supports !

Mais il y a du mieux. Depuis quelque temps, je parviens à parler de ce qui m'est arrivé, à y réfléchir. Ma reconversion professionnelle commence à prendre forme. Le mois prochain, j'entame un stage dans le domaine de l'accompagnement corporel par les massages. L'idée est de travailler dans la gestion du stress. J'ignore combien de temps il me faudra pour mettre ce projet en place mais, avec mon bagage et ce que j'ai vécu pendant deux ans en Suisse, je connais bien le sujet…

LE POINT DE VUE de Laurent Oddoux, *coach* pour dirigeants et fondateur de Trajectives, agence conseil en stratégie et accompagnement des dirigeants et des équipes de direction de grandes entreprises. Il est également psychothérapeute.

« Comme le montre bien ce témoignage, le *burn out* n'est ni une maladie psychique, ni un trouble de la personnalité, mais un processus. Une sorte de spirale infernale où l'épuisement au travail aboutit à l'épuisement émotionnel, psychique et physique de tout l'individu. On compare souvent le *burn out* à un "incendie intérieur" : comme le feu d'un immeuble qui consume sa structure interne sans révéler de traces sur la façade, la victime du *burn out* se détruit peu à peu de l'intérieur, mais garde intacte son apparence extérieure. À la fin du processus, la victime s'effondre littéralement et déclenche le plus souvent une dépression sévère ou une grave maladie (accident cardiaque ou vasculaire…). Au Japon, le "Karoshi", expression ultime du *burn out* au travail, entraîne même la mort. On le voit, le *burn out* va donc bien au-delà de la simple "déprime au boulot" ou même de la fatigue et du stress engendrés par certaines conditions de travail. C'est un phénomène médical grave et irréversible. Il touche particulièrement les personnes très soucieuses de bien faire et de réussir et, paradoxalement, celles qui s'inscrivent dans une dynamique de succès.

Le cas présenté ici réunit toutes les caractéristiques qui favorisent un *burn out* : ambitieux, intelligent et très investi dans son travail. Il déploie une énergie considérable pour bien remplir ses fonctions, cultive le dépassement de soi et se montre très attaché à un certain nombre de valeurs. Ces qualités le valorisent aux yeux de son entreprise et de son entourage et lui renvoient une image positive de lui-même. Au départ, il est donc dans une spirale ascendante.

Là où le *burn out* commence à pointer, c'est quand la personne s'identifie à ce point à son projet professionnel qu'elle "devient" ce projet. Rien d'autre ne la définit que son travail. Ses besoins, sa vie affective et privée ne comptent plus. Elle perd son identité. Elle "devient" son entreprise, c'est sa raison de vivre. C'est pourquoi, comme c'est le cas ici, elle ne peut accepter le déséquilibre flagrant qui existe entre ses valeurs personnelles et le manque de respect humain qui, à ses yeux, règne dans son entreprise. Au regard du rôle qu'elle entend tenir, elle ne peut accepter les incohérences stratégiques, l'hypocrisie, voire le double jeu de sa hiérarchie. En bref, elle ne peut admettre le manque de sens de son travail puisqu'elle est "devenue" son travail.

Lorsque la situation perdure, tout bascule. Les qualités et les compétences de la personne s'inversent : l'intelligence devient obsession (vouloir à tout prix faire partager ses idées), l'ambition devient dépendance (ma vie ne dépend que de mon travail), l'énergie devient absence de limites (horaires de travail démesurés). La personne fait corps avec la situation au point qu'elle ne peut plus prendre de recul pour la considérer dans son ensemble. Même si ses proches et son entourage tirent la sonnette d'alarme, elle ne peut plus "lâcher". Et elle continue jusqu'à l'épuisement, jusqu'à ce que les symptômes physiques soient tellement forts qu'ils l'obligent à s'arrêter. Mais contrairement à "l'accident de parcours", à la panne, le *burn out* n'est pas réparable. Comme il est dit ici, "le moteur est cassé". Il ne permet pas de revenir à l'étape précédente. Il oblige, au contraire, à un changement radical de la personne. Mais passer du surinvestissement au détachement nécessaire pour retrouver une sérénité suffisante exige beaucoup de temps et un très grand travail sur soi-même. »

Cinq règles à retenir

1. Ne pas confondre déprime et dépression

La tristesse, le découragement et le désespoir sont des sentiments propres aux êtres humains. La dépression, elle, entraîne des perturbations multiples, permanentes et durables et une gêne importante dans la vie quotidienne (incapacité de se lever, d'aller travailler, de sortir faire ses courses...).

2. Être attentif aux symptômes

Attention, certaines dépressions avancent masquées et ne se manifestent pas par un ralentissement psychomoteur, mais au contraire par de l'hyperactivité, voire de l'agressivité, une volonté de tout contrôler, un sentiment de toute-puissance.

3. Ne pas tout attendre des médicaments

Aucun médicament ne guérit la dépression, ni même un mal de vivre ou des difficultés psychologiques. Correctement prescrits, ils soulagent la souffrance morale et les angoisses, mais ne « soignent » pas. Pour ce faire, il faut y associer un travail sur soi dans le cadre d'une psychothérapie.

4. Prendre plusieurs avis

Suivre un traitement psychothérapeutique ne se fait pas à la légère. Il implique un investissement personnel de plusieurs mois, voire plusieurs années. De l'avis général, il est donc indispensable de consulter au moins deux ou trois thérapeutes avant de choisir celui qui vous accompagnera dans ce travail.

5. Se confier à ses proches

Lorsqu'on est dépressif, on est recroquevillé sur sa douleur morale, coupé de soi-même et des autres. Un repli sur soi difficile à vivre pour l'entourage qui peut y voir de l'indifférence ou de l'ingratitude face à leurs efforts. Alors, aidez-les à vous aider et profitez des moments de répit que vous laisse la dépression pour leur exprimer votre affection.

Pour s'informer

LES ACTEURS :

➡ Site du ministère de la Santé consacré à la dépression

www.info-depression.fr

Il regroupe des informations pour repérer les symptômes de la dépression, connaître les traitements et savoir à qui s'adresser.

➡ Les centres médico-psychologiques (CMP)

Gratuits et publics, rattachés à chaque centre hospitalier, ils informent et assurent des consultations. Sachez toutefois que les délais d'attente peuvent être de plusieurs semaines, voire de plusieurs mois.

➡ Les centres d'accueil et de crise (CAC)

Ils permettent d'accueillir sans rendez-vous, d'orienter et de soigner des personnes en état de crise. On les trouve principalement dans les grandes villes.

L'association France-Dépression

www.france-depression.org

Destinée à soutenir les personnes dépressives, l'association organise des groupes de parole, une permanence téléphonique, des conférences…

L'Unafam (Union nationale des amis et familles de malades psychiques)

www.unafam.org ou 01 53 06 30 43

L'Unafam organise des formations afin d'aider les proches confrontés à la maladie psychique. Elle anime également des groupes de parole, conférences, congrès…

Écoute-famille

01 42 63 03 03

Ligne d'écoute de l'Unafam destinée aux familles ayant un proche en souffrance psychique.

La F.N.A.Psy (Fédération nationale des associations d'usagers en psychiatrie)

www.fnapsy.org

Elle regroupe soixante-dix associations soutenant les dépressifs et leurs familles partout en France.

Le Fil Santé Jeunes

www.filsantejeunes.com ou 0 800 235 236

Spécifiquement consacré aux enfants et aux adolescents, le Fil Santé Jeunes propose écoute, information et orientation aux jeunes en matière de santé psychique.

La Fédération française de psychothérapie et psychanalyse

www.ff2p.fr

La FF2P rassemble une soixantaine d'organismes : syndicats, associations, écoles et instituts de formation de psychothérapeutes, de tous courants (psychanalyse, cognitivisme, thérapies familiales, thérapies humanistes existentielles et psychocorporelles, etc.), et représente environ trois mille psychothérapeutes.

Elle dispose d'un annuaire des psychothérapeutes ayant reçu une formation longue de haut niveau et reconnue à l'échelle européenne.

L'association EMDR France

www.emdr-france.org

Elle regroupe les psychologues cliniciens, psychiatres, psychanalystes, psychothérapeutes et autres praticiens de la thérapie EMDR en France et a pour mission d'assurer la qualité de cette pratique. Le site propose un annuaire des praticiens.

LES LIVRES :

- ANDRÉ (Christophe), *Les États d'âme. Un apprentissage de la sérénité*, Odile Jacob, coll. « Psychologie », 2009.

- BELLET (Maurice), JACQUARD (Albert), SIBONY (Daniel) (sous la dir. d'Alain Houziaux), *Reprendre goût à la vie, comment ?*, Éditions de l'Atelier, coll. « Questions de vie », 2005.

- COLLECTIF (sous la dir. de Julien-Daniel Guelfi et Frédéric Rouillon), *Manuel de psychiatrie*, Masson, 2007.

- CORNEAU (Guy), *Victime des autres, bourreau de soi-même*, Robert Laffont, coll. « Réponses », 2003.

• Ehrenberg (Alain), *La fatigue d'être soi. Dépression et société*, Odile Jacob, coll. « Bibliothèque », 2008.

• Fedida (Pierre), *Des bienfaits de la dépression. Éloge de la psychothérapie*, Odile Jacob, coll. « Poches Odile Jacob », 2009.

• Gay (Christian), Genermont (Jean-Alain), *Vivre avec des hauts et des bas. Un psy et un patient racontent*, Hachette Littératures, 2002.

• Millet-Bartolli (Françoise), *La Crise du milieu de la vie. Une deuxième chance*, Odile Jacob, 2006.

• Pignarre (Philippe), *Comment la dépression est devenue une épidémie*, Hachette Littératures, coll. « Pluriel », 2003.

• Pommier (Gérard), *Comment les neurosciences démontrent la psychanalyse*, Flammarion, coll. « Champs », 2007.

• Prigent (Yves), *L'Expérience dépressive. La parole d'un psychiatre*, Desclée De Brouwer, coll. « Psychologie », 2005.

• Rosenberg (Marshall B.), *Les mots sont des fenêtres (ou bien ce sont des murs). Introduction à la communication non-violente*, La Découverte, 2005.

• Styron (William), *Face aux ténèbres. Chronique d'une folie*, Gallimard, coll. « Folio », 1993.

• Tawil (Sami-Paul), *Le Miroir de Janus. Comprendre et soigner la dépression et la maniaco-dépression*, Pocket, coll. « Pocket. Évolution », 2004.

Achevé d'imprimer sur les presses
de l'Imprimerie France Quercy
Imprimé en France
Dépôt légal : 4e trimestre 2009